「초역 예수의 말」

초역 예수의 말

초판 1쇄 인쇄 ｜ 2025년 05월 20일
초판 1쇄 발행 ｜ 2025년 05월 25일

지은이 ｜ 이채윤
펴낸이 ｜ 최화숙
편 집 ｜ 유창언
펴낸곳 ｜ **아마존북스**

등록번호 ｜ 제1994-000059호
출판등록 ｜ 1994. 06. 09

주소 ｜ 서울시 마포구 성미산로2길 33(서교동) 202호
전화 ｜ 02)335-7353~4
팩스 ｜ 02)325-4305
이메일 ｜ pub95@hanmail.net ｜ pub95@naver.com

ⓒ 이채윤 2025
ISBN 979-89-5775-333-0 03100
값 17,800원

「초역 예수의 말」

2000년 역사 속에서 항상 살아서 움직인

이채윤 지음

아마존북스

2000년을 관통한
2000마디의 힘

예수라는 이름은 단순한 종교적 상징을 넘어, 인간 역사
와 문명 속에서 독보적인 위치를 차지한다. 그는 6개월
남짓한 짧은 기간 동안 약 2,000마디의 말을 남겼고, 그
말은 이후 2000년간 인류의 정신과 문화를 움직이는 힘
으로 작용했다. 그가 남긴 말과 가르침은 단순히 개인의
신앙을 넘어 사회적 정의, 윤리적 기준, 그리고 공동체의
방향성을 형성하는 데 결정적 역할을 했다. 우리는 여기
에서 한 가지 질문을 던질 수밖에 없다. 무엇이 예수의 말
을 이토록 강력하게 만들었는가?

예수의 가르침은 단순히 도덕적 교훈이나 종교적 의례에 머물지 않았다. 그것은 인간 존재의 본질과 삶의 방향을 재구성하는 깊은 통찰을 담고 있었다.

"네 이웃을 사랑하라"라는 단순한 문장은 단순히 착하게 살라는 권고가 아니다. 그것은 타인의 고통과 기쁨 속에서 자신의 존재를 발견하고, 공동체적 연대를 통해 인간다움을 실현하라는 초대다. 예수는 사랑, 자비, 겸손, 희생, 진리, 정의, 영적 삶, 그리고 연대라는 주제를 통해 인류가 어떻게 살아야 하는지를 구체적으로 제시했다. 이 가르침은 단순히 시대적 배경에 갇힌 메시지가 아니라, 오늘날에도 여전히 생명력을 지닌다.

예수의 메시지가 강렬한 이유는 그것이 모든 시대와 상황에 적용 가능한 보편적 진리를 담고 있기 때문이다. 사랑과 자비의 가르침은 타인의 고통을 외면하지 않도록 요청하며, 겸손과 희생의 메시지는 권력과 물질적 성공의 허상을 드러낸다. 진리와 정의를 추구하라는 그의 목소리는 개인의 내면과 사회의 구조 모두를 향한다. 그리고 하나님과의 관계와 영원한 생명을 이야기하는 그의 말은 인간이 끊임없이 품는 질문—삶의 목적과 죽음의 의미—에 대한 깊은 대답을 제시한다.

이 책은 《초역 예수의 말》이라는 제목 아래, 예수의 말을 현대적 관점에서 새롭게 읽어내는 시도다. 그의 말은 단순히 성경의 한 구절로 머무르지 않고, 우리의 일상과 가치관을 흔드는 힘을 지니고 있다. 그의 말 속에는 인간다움을 향한 초대, 진리를 향한 열망, 그리고 사랑과 연대의 가능성이 담겨 있다.

이 책은 예수의 말을 단순히 해석하는 데 그치지 않고, 그 말을 통해 오늘날 우리의 삶과 세상을 새롭게 조명하고자 한다. 예수의 말이 그저 종교적 텍스트에 갇힌 죽은 글자가 아니라, 지금도 살아 숨 쉬며 우리에게 말을 거는 강력한 메시지임을 보여 준다는 점이다.

예수의 말은 단순한 인간의 언어가 아니라, 인류가 함께 나아가야 할 방향을 가리키는 등불이다. 예수의 2,000마디의 말 중에서 170개의 말을 뽑았다. 이제 그 말 속으로 들어가 보자.

예수의 말이 어떻게 우리의 생각과 삶을 뒤흔들며, 새로운 통찰과 영감을 제공하는지 함께 탐구해 보자.

이 책은 한마디로 예수의 말 속에서 삶의 의미와 정신을 되찾는 일이다.
우리는 지금 그곳으로 가는 길 위에 있다.

목 차

들어가는 말·· 4

1장 사랑과 행복을 말하다

001 사랑은 이끄는 것이다 ······································· 18

002 가족은 혈연을 넘어선다 ································· 20

003 미움을 사랑으로 바꾸는 길··························· 22

004 가장 위대한 사랑의 우선순위 ······················ 24

005 잃어버린 첫사랑을 되찾으라 ························· 26

006 목마름의 끝에서 발견한 샘물 ····················· 28

007 씨앗의 운명을 결정하는 당신의 마음·········· 30

008 당신은 문을 여는 손 ····································· 32

009 어린 아이와 같이 되라 ································· 34

010 새와 들풀의 철학 ··· 35

011 사랑은 순종으로 꽃 핀다 ····························· 36

012 작은 자를 위한 작은 손길이 세상을 바꾼다···· 38

013 눈은 영혼의 스위치다····································· 39

014 고난 속에서 발견하는 승리··························· 40

015 진정한 길을 따르는 자들 ······························ 42

016 작은 씨앗, 세상을 변화시키는 힘 ················· 43

017 진짜 중요한 것은 하나뿐이다 ······················ 44

018 사랑이 머무는 집 ··· 45

019 당신은 어둠 속의 길잡이다 ┈┈┈┈┈┈┈┈┈┈ 46

020 가치를 보존하는 사람들 ┈┈┈┈┈┈┈┈┈┈ 48

021 감사의 기술 ┈┈┈┈┈┈┈┈┈┈ 50

022 새롭게 태어난다는 것 ┈┈┈┈┈┈┈┈┈┈ 52

023 측량할 수 없는 사랑의 본질 ┈┈┈┈┈┈┈┈┈┈ 54

024 심음 없이 거둠도 없다 ┈┈┈┈┈┈┈┈┈┈ 56

2장 용서와 믿음을 말하다

025 짐을 내려놓는 자가 평안을 얻는다 ┈┈┈┈┈┈┈┈┈┈ 60

026 등불을 밝히는 자가 잔치에 들어간다 ┈┈┈┈┈┈┈┈┈┈ 61

027 바늘귀와 금화의 무게 ┈┈┈┈┈┈┈┈┈┈ 62

028 용서, 자유로 가는 길 ┈┈┈┈┈┈┈┈┈┈ 64

029 가장 사소한 머리털조차 ┈┈┈┈┈┈┈┈┈┈ 65

030 짐을 내려놓고, 진정한 힘에 맡겨라 ┈┈┈┈┈┈┈┈┈┈ 66

031 물 위를 걷는 자의 믿음 ┈┈┈┈┈┈┈┈┈┈ 68

032 고난의 길 위에 놓인 하늘 ┈┈┈┈┈┈┈┈┈┈ 69

033 고난의 잔을 마시는 용기 ┈┈┈┈┈┈┈┈┈┈ 70

034 믿음이 흐르는 생명의 강물 ┈┈┈┈┈┈┈┈┈┈ 71

035 믿음은 행동에서 시작된다 ┈┈┈┈┈┈┈┈┈┈ 72

036 소유의 끝에서 만나는 풍요 ┈┈┈┈┈┈┈┈┈┈ 74

037 정죄의 돌을 내려놓고 새로 시작하라 ┈┈┈┈┈┈┈┈┈┈ 76

038 미움의 벽을 허물고 성숙해지기 ┈┈┈┈┈┈┈┈┈┈ 77

039 약점은 나의 이해로 채워진다 ┈┈┈┈┈┈┈┈┈┈ 78

040 두려움은 믿음의 빈자리다 ┈┈┈┈┈┈┈┈┈┈ 79

041 믿음은 행동으로 증명된다 ················ 80

042 진정한 믿음의 모습 ················ 82

043 용서의 자유 ················ 84

044 측량하는 잣대는 당신 자신을 돌아보게 한다 ············· 86

045 사랑은 용서의 깊이에서 피어난다 ············ 88

046 유혹 앞에서 흔들리지 않는 힘 ············· 90

047 영원히 함께할 약속 ·············· 92

3장 가난과 부요를 말하다

048 진정한 부는 보이지 않는 곳에 있다 ············· 94

049 두 마리 토끼를 좇다 하나도 못 잡는다 ············ 96

050 보화는 포기의 대가로 얻어진다 ············ 97

051 속삭임을 세상에 외쳐라 ············ 98

052 쌓아둔 곡식은 누구의 것인가 ············ 99

053 가난한 손이 부를 잡는다 ············ 100

054 탐욕은 마음의 독을 키운다 ············ 101

055 걱정에 묶여 열매를 놓치다 ············ 102

056 자비를 실천하는 기쁨 ············ 104

057 의로움에 목마른 영혼을 채우다 ············ 106

058 슬픔이 당신을 묶어두지 않도록 ············ 108

059 부의 속임수 ············ 110

060 그물을 내릴 때 기적은 시작된다 ············ 112

061 변화를 위해 그물을 내려놓아라 ············ 114

062 이해로 맺는 풍성한 열매 ············ 116

4장 지혜를 말하다

063 말, 당신의 세상을 바꾸는 힘 ⋯⋯⋯⋯⋯⋯ 118

064 판단은 멈추고 자비로 빛나라 ⋯⋯⋯⋯⋯ 120

065 유혹을 피하는 길 122

066 진정한 연합의 비밀 124

067 영원히 함께할 약속 126

068 유혹의 길을 차단하라 ⋯⋯⋯⋯⋯⋯⋯⋯ 128

069 타인을 비추는 거울 속 자신의 그림자 ⋯⋯ 130

070 평화의 씨앗을 뿌리는 사람 ⋯⋯⋯⋯⋯⋯ 132

071 두려움을 넘어서는 길 ⋯⋯⋯⋯⋯⋯⋯⋯ 134

072 지금은 새로운 길로 돌아설 때 ⋯⋯⋯⋯⋯ 136

073 선물, 기대를 넘어서는 것 137

074 믿음은 보는 것 너머에 있다 ⋯⋯⋯⋯⋯ 138

075 그들은 당신을 이해하지 못할 수 있다 ⋯⋯ 140

076 혼자 걷지 말라 ⋯⋯⋯⋯⋯⋯⋯⋯⋯⋯ 142

077 선물보다 더 중요한 것 144

078 모든 것이 끝났다 ⋯⋯⋯⋯⋯⋯⋯⋯⋯ 146

079 새로운 삶은 새로운 그릇에 담아야 한다 ⋯⋯ 148

080 자신의 눈을 먼저 밝히라 ⋯⋯⋯⋯⋯⋯⋯ 150

081 빛은 드러내는 힘을 가진다 ⋯⋯⋯⋯⋯⋯ 152

082 믿음의 풍랑을 잔잔하게 하라 ⋯⋯⋯⋯⋯ 154

083 사랑 안에 머무르는 선택, 그리고 기쁨의 샘 ⋯⋯ 156

5장 기도와 삶의 양식을 말하다

084 비어 있는 마음에 불어넣는 숨결 ················ 160

085 고난은 귀환의 길을 밝힌다 ················ 162

086 멸시 속에서 발견한 가치를 깨닫다 ················ 163

087 응답받는 기도의 비밀 ················ 164

088 영혼을 채우는 음식 ················ 166

089 혼돈 속에서도 평화를 선택하라 ················ 168

090 진정한 대화는 고요 속에서 시작된다 ················ 170

091 폭풍 속에서도 평안을 붙들라 ················ 171

092 기쁨은 빼앗길 수 없다 ················ 172

093 슬픔이 지나가는 다리임을 기억하라 ················ 173

094 영원한 가치의 선택 ················ 174

095 기도는 하늘을 여는 열쇠 ················ 176

096 의심을 놓고 믿음을 택하라 ················ 178

097 반석 위에 세운 삶의 증거 ················ 180

098 입술이 아닌 마음으로 드리는 예배 ················ 182

099 기도는 믿음으로 움직인다 ················ 184

100 영혼의 샘을 찾아라 ················ 186

6장 지상에서의 삶의 목적을 말하다

101 순간에 몰입하기 ················ 188

102 열매 맺는 가지가 되기 위해 ················ 190

103 양식은 목적을 이루는 것이다 ················ 192

104 지식이 아닌 만남이 열쇠다 ················ 193

105 걱정을 내려놓고 믿음으로 걷기 ·············· 194

106 목적을 따라 선택받은 삶 ·············· 196

107 영혼의 가치를 헛된 것에 바꾸지 마라·············· 197

108 진짜 건강해지고 싶은가 ·············· 198

109 두려움을 대체할 용기 ·············· 199

110 풍요로운 삶을 위한 선택 ·············· 200

111 죽음은 끝이 아니다 ·············· 202

112 죽음으로 끝나지 않는 시작·············· 204

7장 진리와 구원과 미래를 말하다

113 험담과 박해를 넘어서는 기쁨 ·············· 208

114 보이지 않는 근원을 보려면 ·············· 210

115 잃어버린 하나, 그 하나의 소중함 ·············· 212

116 어둠 속에서 헤맬 필요는 없다 ·············· 213

117 진리로 구별된 삶의 가치 ·············· 214

118 진리로 가는 유일한 길 ·············· 216

119 이해 없는 마음은 잃어버리기 쉽다 ·············· 218

120 눈으로 들어오는 빛, 마음을 지키는 시작 ·············· 220

121 자신을 잃어야 진정으로 찾을 수 있다·············· 222

122 주는 것의 참된 의미 ·············· 224

123 의심을 씻는 믿음의 길 ·············· 226

124 겸손한 마음에 드러나는 진리 ·············· 228

125 진정한 희생이란 무엇인가 ·············· 230

126 채워지지 않는 공허함의 해답 ·············· 232

127 지금 이 순간에 충실하라 ·············· 234

128 진정한 가치는 마음에 있다 ·············· 236

129 받은 만큼 흐르게 하라 ·············· 238

130 진실이 빚는 자유의 빛 ·············· 240

131 멈춰 서는 용기가 세상을 바꾼다 ·············· 241

132 잃어버린 길 끝에서 다시 찾는 자신 ·············· 242

133 진실은 침묵 속에 갇히지 않는다 ·············· 243

134 진실은 지붕 위에서 노래한다 ·············· 244

135 슬픔, 새로운 시작의 씨앗 ·············· 245

136 낮아진 자가 높아지는 법 ·············· 246

137 분노는 마음의 불씨다 ·············· 247

138 기억을 깨우는 영의 속삭임 ·············· 248

8장 제자도를 말하다

139 근심을 놓고 신뢰로 채우라 ·············· 250

140 나는 당신의 목자다 ·············· 252

141 빛을 비추는 삶 ·············· 254

142 제자로서의 부름, 그리고 더 큰 소명 ·············· 256

143 사랑이 남기는 흔적 ·············· 258

144 진리가 당신을 자유롭게 하리라 ·············· 260

145 모래 위에 집을 짓지 마라 ·············· 262

146 성령의 이끄심에 길을 맡기다 ·············· 264

147 영원한 인도를 약속하는 목자 ·············· 266

148 진정한 양을 구별하는 기준 ·············· 268

149 한계는 믿음의 출발점이다 ·············· 270

150 가식은 가면일 뿐이다 ⋯⋯⋯⋯⋯⋯ 272

151 제자도의 진정한 의미 ⋯⋯⋯⋯⋯⋯ 274

152 지금이 바로 시작할 때 ⋯⋯⋯⋯⋯⋯ 276

9장 하나님 나라를 말하다

153 거짓의 왕좌를 무너뜨리고, 불꽃 속에서 새로워지다 ⋯⋯ 280

154 하늘에 새겨진 이름을 기억하라 ⋯⋯⋯⋯⋯⋯ 282

155 마음의 바다를 잔잔히 ⋯⋯⋯⋯⋯⋯ 284

156 문간의 진실, 영원의 대가 ⋯⋯⋯⋯⋯⋯ 285

157 길을 잃었어도 기다리는 사랑 ⋯⋯⋯⋯⋯⋯ 286

158 가시덩굴 속에 묻힌 진실 ⋯⋯⋯⋯⋯⋯ 288

159 나를 내려놓을 때 진정한 길이 열린다 ⋯⋯⋯⋯⋯⋯ 290

160 당신의 가치는 그 이상의 것이다 ⋯⋯⋯⋯⋯⋯ 291

161 천국의 연회와 거래의 식탁 ⋯⋯⋯⋯⋯⋯ 292

162 영생의 시작은 지금이다 ⋯⋯⋯⋯⋯⋯ 293

163 위대함은 순종에서 시작된다 ⋯⋯⋯⋯⋯⋯ 294

164 의로움은 겉치레가 아니다 ⋯⋯⋯⋯⋯⋯ 296

165 마음속에 세워진 보이지 않는 왕국 ⋯⋯⋯⋯⋯⋯ 298

166 가까이 다가온 치유의 왕국 ⋯⋯⋯⋯⋯⋯ 299

167 시련은 뿌리를 시험한다 ⋯⋯⋯⋯⋯⋯ 300

168 위대함의 근원을 알다 ⋯⋯⋯⋯⋯⋯ 302

169 세상의 유혹은 덫일 뿐이다 ⋯⋯⋯⋯⋯⋯ 304

170 자신의 뜻을 넘어 아버지의 길로 ⋯⋯⋯⋯⋯⋯ 306

마치는 말 ⋯⋯⋯⋯⋯⋯ 310

사랑과 행복을
말하다

사랑은
이끄는 것이다

스스로를 실패자라고 느낀 적이 있는가. 무가치함과 수치심에 휩싸인 적이 있는가. 베드로도 그랬다. 그는 자신이 결코 물러서지 않을 것이라 확신했지만, 중요한 순간에 나를 세 번 부인했다. 그러나 실패에도 불구하고 그의 이야기는 거기서 끝나지 않았다. 나는 그에게 과거를 넘어서는 길을 보여 주었다. 그의 사랑을 증명할 방법은 단순했다. 내 양들을 먹이고 이끄는 것이었다.

당신도 같은 길을 갈 수 있다. 당신은 스스로 완벽한 선생이 될 필요가 없다. 당신은 단지 메신저가 되면 된다. 당신이 진리의 메시지를 나누고, 삶의 모범으로 보여 준다면, 그것이 바로 내 양들을 먹이는 길이다. 당신의 사랑은 행동으로 드러나야 한다. 당신이 진리를 따를 때, 다른 이들은 당신을 따른다.

세 번째 이르시되 요한의 아들 시몬아 네가 나를 사랑하느냐 하시니 주께서 세 번째 네가 나를 사랑하느냐 하시므로 베드로가 근심하여 이르되 주님 모든 것을 아시오매 내가 주님을 사랑하는 줄을 주님께서 아시나이다 예수께서 이르시되 내 양을 먹이라 (요한복음 21:17)

가족은
혈연을 넘어선다

한 번은 내가 가르치고 있을 때 누군가가 어머니와 형제들이 나를 찾고 있다고 말했다. 나는 그들에게 질문했다. "누가 내 어머니이며, 누가 내 형제들인가?" 그리고 이어 말했다. "여기 내 어머니와 형제들이 있다." 가족은 단지 혈연으로 정의되지 않는다. 진정한 가족은 삶의 열매로 증명된다. 내 가족은 내 아버지의 뜻을 행하는 사람들이다.

당신이 아버지의 뜻을 행하고 있다면, 당신도 이 영원한 가족의 일원이다. 당신이 아버지의 뜻을 어떻게 알 수 있을지 궁금할 수 있다. 답은 단순하다. 내 말씀이 바로 그분의 뜻을 드러낸다. 그리고 성령은 그 뜻을 실천할 힘을 당신에게 준다. 당신이 아버지의 뜻에 따라 행동할 때, 당신은 내가 부르는 가족의 일부임을 확신할 수 있다. 혈연을 넘어선 이 가족은 영원하다.

누구든지 하늘에 계신 내 아버지의 뜻대로 하는 자가 내 형제요 자매요 어머니이니라 하시더라 (마태복음 12:50)

미움을 사랑으로
바꾸는 길

당신은 당신을 미워하는 사람들을 사랑하라는 도전을 받았다. 이는 단지 감정의 문제가 아니다. 미움은 종종 판단하거나 복수하려는 마음, 혹은 누군가를 험담하며 그들의 평판을 손상시키는 행동으로 나타난다. 미움은 단순히 느끼는 것이 아니라, 그것이 행동으로 드러나는 방식이다.

당신을 향해 불공정한 말을 하거나 행동하는 사람들이 있을 수 있다. 하지만 그들을 사랑하는 것은 그들이 변하거나 당신을 좋아하게 만들기 위해서가 아니다. 그것은 당신 자신이 사랑과 용서를 통해 자유로워지기 위해서다. 미움을 행동으로 표현하는 대신, 당신을 저주하는 사람들을 축복하고, 당신을 해하려는 사람들을 위해 기도하며, 심지어 당신에게 상처를 준 이들에게 선을 행하라.

나는 너희에게 이르노니 너희 원수를 사랑하며 너희를
박해하는 자를 위하여 기도하라 이같이 한즉 하늘에 계
신 너희 아버지의 아들이 되리니 이는 하나님이 그 해를
악인과 선인에게 비추시며 비를 의로운 자와 불의한 자
에게 내려주심이라 (마태복음 5:44-45)

가장 위대한
사랑의 우선순위

당신이 가장 사랑하는 것이 무엇인지 돌아보라. 당신의
가족과 주변 사람들을 깊이 사랑하는 것은 자연스럽고 아
름다운 일이다. 그러나 모든 사랑의 우선순위에서 진정으
로 중요한 것은 삶의 본질과 방향을 결정하는 더 큰 사랑
이다. 이 사랑은 단순한 감정이 아니라, 삶의 선택과 행동
에서 드러난다.

가족을 향한 따뜻한 감정은 소중하다. 하지만 더 위대한
사랑은 진리를 존중하고 그것을 따르는 데서 비롯된다.
당신의 선택이 진리를 따를 때, 당신은 단지 말로만 사랑
을 고백하는 것이 아니라 행동으로 보여 준다.

아버지나 어머니를 나보다 더 사랑하는 자는 내게 합당하지 아니하고 아들이나 딸을 나보다 더 사랑하는 자도 내게 합당하지 아니하며 (마태복음 10:37)

잃어버린
첫사랑을 되찾으라

처음 당신의 눈이 열렸을 때를 기억하라. 당신은 진리를 발견한 기쁨으로 나를 알기 위해 갈망했고, 내 말을 듣고 내 뜻을 따르며 내 사랑을 느꼈다. 그러나 시간이 흐르며 당신의 열정은 점차 사라지고, 나를 향한 첫사랑의 불길은 희미해졌다. 외적으로는 내가 기뻐할 일을 하고 있지만, 내 안에서 기쁨을 찾던 그 열망은 약해졌다.

당신의 마음을 살펴라. 그 사랑이 어디에서 사라졌는지 돌아보라. 그때의 당신은 내 빛 안에서 걷고, 내 말에 순종하며, 나와의 친밀함을 누리던 사람이었다. 당신의 열정이 희미해졌다면, 내가 에베소 사람들에게 했던 부름이 당신에게도 동일하다. 회개하라. 당신이 처음 나를 알았을 때 했던 행동으로 돌아가라. 나의 말씀 안에서 다시 불타오르라.

그러나 너를 책망할 것이 있나니 너의 처음 사랑을 버렸
느니라 그러므로 어디서 떨어졌는지를 생각하고 회개하
여 처음 행위를 가지라 만일 그리하지 아니하고 회개하지
아니하면 내가 네게 가서 네 촛대를 그 자리에서 옮기리
라 (요한계시록 2:4-5)

목마름의 끝에서
발견한 샘물

우리는 두레박을 들고 세상의 우물가를 찾아다닌다. 갈증은 끊이지 않고, 물은 금세 말라버린다. 그러나 영원히 솟아나는 샘은 내면에 있다. 그것을 찾는 자는 더는 목마르지 않는다.

세상은 목을 축여 줄 물을 줄 수 있지만, 갈증을 끝낼 물은 주지 못한다.

우리는 늘 더 많은 것, 더 새로운 것을 추구하며 갈증을 달래려 한다. 그러나 그 갈증은 순간적으로 잦아들 뿐, 결국 더 큰 허기를 남긴다. 진정한 만족은 외부에서 오지 않는다.

갈증은 단순히 결핍의 표시가 아니라, 더 깊은 진실로 이끄는 초대다.

"내면의 샘을 발견하라. 그것은 목마름이 아니라, 기쁨의 시작이다."

진정한 만족은 바깥이 아니라 당신 안에 있다. 그리고 그것을 발견하는 순간, 당신은 더는 찾지 않는다. 당신은 이미 모든 것을 가진 자가 된다.

♛

내가 주는 물을 마시는 자는 영원히 목마르지 아니하리니 내가 주는 물은 그 속에서 영생하도록 솟아나는 샘물이 되리라 (요한복음 4:14)

씨앗의 운명을 결정하는
당신의 마음

삶은 씨앗과 같다. 그것은 무한한 가능성을 품고 있지만, 그 성장은 씨앗이 뿌려지는 땅에 달려 있다. 길가에 떨어진 씨앗은 바로 외면당하는 기회와 같다. 바람에 흩날리고 새에 먹혀 사라지는 씨앗은 준비되지 않은 마음에 닿은 진리가 어떻게 쉽게 잊히는지를 보여 준다.

돌밭에 뿌려진 씨앗은 순간적으로 싹을 틔우지만, 뿌리를 내리지 못해 결국 시들어 버린다. 이는 깊이 없는 열정이나 얕은 결심을 상징한다. 겉으로는 빠르게 성장하는 듯 보이지만, 도전과 어려움이 닥치면 쉽게 무너진다. 진정한 성장은 표면적인 반응이 아니라 깊이 있는 뿌리에서 온다.

들으라 씨를 뿌리는 자가 뿌리러 나가서 뿌릴새 더러는 길 가에 떨어지매 새들이 와서 먹어 버렸고 더러는 흙이 얕은 돌밭에 떨어지매 흙이 깊지 아니하므로 곧 싹이 나오나 해가 돋은 후에 타서 뿌리가 없으므로 말랐고 더러는 가시떨기에 떨어지매 가시가 자라 기운을 막으므로 결실하지 못하였고 더러는 좋은 땅에 떨어지매 자라 무성하여 결실하였으니 삼십 배나 육십 배나 백 배가 되었느니라 하시고 (마가복음 4:3–8)

당신은
문을 여는 손

무엇을 원하든, 그것을 향해 움직이는 손길이 있어야 한
다. 구하면 주어지고, 찾으면 발견되며, 두드리면 문이 열
린다. 그러나 이 모든 과정은 당신의 손으로 시작해야 한
다. 멈춰 서서 바라기만 한다면, 세상은 결코 당신을 향해
움직이지 않는다. 당신이 손을 내밀 때, 세상은 당신을 환
영할 준비를 한다.

삶은 돌을 떡으로, 뱀을 물고기로 속이지 않는다. 인간조
차도 자신의 자녀에게 선한 것을 주기를 원한다면, 세상
의 질서는 그 이상으로 당신에게 선물을 준비하고 있다.
그러나 그것은 무작정 기다림으로 이루어지지 않는다. 행
동으로 시작되는 열정과 끈기가 삶의 선물을 가져온다.

당신이 남에게 바라는 대접을 먼저 행동으로 보여 줘야
한다. 그것이 삶을 여는 열쇠다. 문은 두드리는 자를 위해
열리며, 세상은 찾는 자에게 길을 내어 준다.

구하라 그리하면 너희에게 주실 것이요 찾으라 그리하면 찾아낼 것이요 문을 두드리라 그리하면 너희에게 열릴 것이니 구하는 이마다 받을 것이요 찾는 이는 찾아낼 것이요 두드리는 이에게는 열릴 것이니라 (마태복음 7:7-8)

어린 아이와
같이 되라

가장 낮아질 때, 비로소 가장 높은 곳에 이를 수 있다. 완숙한 인간의 상태는 어린아이처럼 순수하고 겸허하며, 아무것도 주장하지 않는 마음에 있다. 강함이 약함으로부터 나오고, 비움으로부터 모든 것이 채워진다. 자신을 무겁게 채운 자는 결코 날 수 없으며, 가벼움을 배운 자만이 새로운 세계로 들어갈 수 있다.

♛

그 때에 제자들이 예수께 나아와 이르되 천국에서는 누가 크니이까 예수께서 한 어린 아이를 불러 그들 가운데 세우시고 이르시되 진실로 너희에게 이르노니 너희가 돌이켜 어린 아이들과 같이 되지 아니하면 결단코 천국에 들어가지 못하리라 (마태복음 18:1-3)

새와 들풀의
철학

새는 심지도 거두지도 않지만 하늘을 나는 자유를 알고,
들풀은 스스로의 아름다움에 의지하지 않지만 찬란한 빛
을 입는다. 자연은 스스로를 돌보지 않으나 부족함이 없
다. 그렇다면 왜 인간은 염려로 자신의 날개를 꺾고, 존재
의 아름다움을 외면하는가? 오늘을 충실히 살라. 새와 들
풀처럼 스스로의 자리에서 충만하라. 내일의 염려는 내일
의 몫이다. 자연은 우리에게 평안의 미덕을 가르친다.

♛

공중의 새를 보라 심지도 않고 거두지도 않고 창고에 모
아들이지도 아니하되 너희 하늘 아버지께서 기르시나니
너희는 이것들보다 귀하지 아니하냐
오늘 있다가 내일 아궁이에 던져지는 들풀도 하나님이 이
렇게 입히시거든 하물며 너희일까보냐 믿음이 작은 자들
아 (마태복음 6:26, 30)

사랑은
순종으로 꽃 핀다

사랑받고 싶다는 욕망은 누구에게나 있다. 하지만 진정한 사랑은 단지 말로 표현되는 것이 아니라 행동으로 증명된다. 우리가 진정으로 사랑받기를 원하는 방식도 그러하다. 사랑은 순종으로 나타난다. 순종은 단순히 명령을 따르는 것이 아니라, 깊은 신뢰와 헌신에서 비롯된 표현이다.

당신이 우리의 가르침에 따라 살 때, 우리는 당신과 함께 걸으며 우리의 존재를 더욱 분명히 드러낼 것이다. 우리의 사랑은 찬양과 경배 속에서도 빛나지만, 진정한 사랑은 당신의 삶에서, 당신이 우리의 뜻을 행할 때 완성된다. 그것은 당신을 억누르지 않고, 오히려 더 높은 곳으로 올리는 힘이다.

나의 계명을 지키는 자라야 나를 사랑하는 자니 나를 사랑하는 자는 내 아버지께 사랑을 받을 것이요 나도 그를 사랑하여 그에게 나를 나타내리라

예수께서 대답하여 이르시되 사람이 나를 사랑하면 내 말을 지키리니 내 아버지께서 그를 사랑하실 것이요 우리가 그에게 가서 거처를 그와 함께 하리라 (요한복음 14:21, 23)

작은 자를 위한 작은 손길이 세상을 바꾼다

진정한 삶은 위대한 행동에서 나오는 것이 아니라, 작고 보이지 않는 선행 속에 있다. 가장 작은 자에게 베풀어진 친절은 세상 속에 숨어 있는 거대한 의미를 드러낸다. 작은 손길이 천국을 짓는다. 그 손길은 계산도, 보답도 바라지 않고 순수함 속에서 세상을 변화시킨다.

♛

내가 주릴 때에 너희가 먹을 것을 주었고 목마를 때에 마시게 하였고 나그네 되었을 때에 영접하였고 헐벗었을 때에 옷을 입혔고 병들었을 때에 돌보았고 옥에 갇혔을 때에 와서 보았느니라 (마태복음 25:35–36)

눈은 영혼의 스위치다

눈은 마음과 정신의 문이다. 무엇을 보느냐에 따라 당신의 내면이 빛으로 채워지거나 어둠에 잠길 수 있다. 선하고 의로운 것에 시선을 고정하면, 그 빛은 사랑과 연민, 선의와 같은 생명의 열매를 맺는다. 그러나 어둠에 눈을 내어주면 탐욕과 교만, 질투 같은 어둠이 당신의 내면을 지배하게 된다.

당신은 이 세상에서 빛으로 살아가도록 부름 받았다. 당신의 눈이 바라보는 것이 당신의 영혼과 삶의 방향을 결정한다. 빛을 유지하려면 어둠이 마음에 스며드는 것을 허용하지 말라.

♛

네 몸의 등불은 눈이라 네 눈이 성하면 온 몸이 밝을 것이요 만일 나쁘면 네 몸도 어두우리라 그러므로 네 속에 있는 빛이 어둡지 아니한가 보라 (누가복음 11:34-35)

고난 속에서
발견하는 승리

세상에서 어려움이 닥치면 왜 이런 일이 나에게 일어나는지 묻게 된다. 그러나 삶의 본질은 고난이 언제든 찾아올 수 있다는 사실이다. 어려움은 숨 쉬는 공기처럼 우리 삶에 자연스럽게 존재한다. 하지만 당신은 세상과는 다른 평화와 확신, 기쁨을 누릴 수 있다. 내가 이미 세상을 이겼기 때문이다. 당신의 고난은 나의 계획을 방해하지 못한다. 오히려 나는 그 고난 속에서 사랑과 은혜, 권능을 드러내고 당신을 통해 나의 일을 이루겠다. 사탄이 승리한 것처럼 보이는 순간에도 나는 모든 상황을 아버지의 영광과 왕국의 승리로 바꿀 것이다. 어떤 것도 당신을 내 사랑과 목적에서 분리시킬 수 없다. 내 음성에 귀를 기울이고 나를 따르라. 고난의 순간은 나와 함께하는 진정한 승리를 경험할 기회다.

♛

이것을 너희에게 이르는 것은 너희로 내 안에서 평안을
누리게 하려 함이라 세상에서는 너희가 환난을 당하나
담대하라 내가 세상을 이기었노라 (요한복음 16:33)

.

진정한 길을
따르는 자들

세상에는 길이 많고, 목소리도 많다. 그러나 진정한 길을 따르는 자들은 욕망이 아니라 진리의 속삭임에 귀를 기울인다.

그들은 단순히 듣기만 하지 않고, 행동한다. 말과 태도, 선택은 그들이 무엇을 믿는지 그대로 보여 준다. 그들의 삶은 평화를 이루고, 용서를 실천하며, 자비를 나누는 본보기가 된다.

진정한 길은 외부의 소리보다 내면의 진리를 따를 때 보인다.

♛

내 양은 내 음성을 들으며 나는 그들을 알며 그들은 나를 따르느니라 (요한복음 10:27)

작은 씨앗,
세상을 변화시키는 힘

가장 작은 시작도 무한한 가능성을 품고 있다. 겨자씨는 땅 속에서 나무로 자라 모든 생명을 품고, 누룩은 보이지 않는 곳에서 모든 것을 변화시킨다. 위대한 것은 처음부터 크지 않다. 작은 것이 자라 세상을 움직인다. 변화는 작지만, 그 영향은 모든 곳에 닿는다.

그러므로 예수께서 이르시되 하나님의 나라가 무엇과 같을까 내가 무엇으로 비교할까 마치 사람이 자기 채소밭에 갖다 심은 겨자씨 한 알 같으니 자라 나무가 되어 공중의 새들이 그 가지에 깃들였느니라 또 이르시되 내가 하나님의 나라를 무엇으로 비교할까 (누가복음 13:18–20)

진짜 중요한 것은
하나뿐이다

불필요한 일들로 자신을 소모하지 마라. 당신이 좇는 모든 사소한 문제들은 당신을 피곤하게 하고 진짜 중요한 것에서 멀어지게 만든다. 진정 필요한 것은 단 하나, 마음을 평온하게 하고 깊은 깨달음으로 이끄는 시간을 가지는 것이다. 그 시간은 당신에게 생명력을 불어넣고, 당신의 영혼을 맑게 하며, 당신 주위의 사람들에게까지 영향을 미치게 한다.
바쁜 손보다 깨어 있는 마음이 더 큰 힘을 갖는다.

♛

주께서 대답하여 이르시되 마르다야 마르다야 네가 많은 일로 염려하고 근심하나 몇 가지만 하든지 혹 한 가지만이라도 족하니라 마리아는 이 좋은 편을 택하였으니 빼앗기지 아니하리라 하시니라 (누가복음 10:41-42)

사랑이
머무는 집

사랑은 말로만 머물지 않는다. 사랑은 행동을 요구한다. 당신의 말과 행동이 진리를 따를 때, 사랑은 당신 안에 자리를 잡는다. 사랑은 당신의 삶 속에 빛을 드리우고, 내면에 집을 짓는다. 그 집은 고독이 사라지고 평화가 머무는 공간이다. 사랑은 당신을 선택하지 않는다. 당신이 사랑을 선택할 때, 그것은 당신의 영혼에 영원한 집을 짓는다.

♛

예수께서 이르시되 네 마음을 다하고 목숨을 다하고 뜻을 다하여 주 너의 하나님을 사랑하라 하셨으니 이것이 크고 첫째 되는 계명이요 둘째도 그와 같으니 네 이웃을 네 자신 같이 사랑하라 하셨으니 (마태복음 22:37–39)

당신은 어둠 속의
길잡이다

세상은 어둠으로 가득 차 있고, 길을 잃은 사람들이 방향을 찾기를 갈망하고 있다. 당신은 그들을 위한 빛이다. 당신의 행동 하나하나는 그들에게 새로운 희망과 길을 제시한다. 당신이 보여 주는 사랑은 그들의 상처를 치유하고, 당신의 자비는 그들의 냉소를 녹이며, 당신의 용서는 그들의 마음에 새 길을 연다.

어둠 속에서도 당신이 행하는 작은 선행 하나가 사람들의 눈에 찬란한 등불처럼 보일 수 있다. 탐욕이 아닌 관대함을, 분노 대신 평화를, 무관심 대신 관심을 선택하라. 당신의 빛은 단순히 자신을 위한 것이 아니라, 더 많은 사람들에게 닿아야 할 것이다. 당신 안의 빛이 꺼지지 않도록, 그들이 그 빛 속에서 방향을 찾게 하라. 빛은 보이는 순간 세상 전체를 바꾼다.

너희는 세상의 빛이라 산 위에 있는 동네가 숨겨지지 못
할 것이요 사람이 등불을 켜서 말 아래에 두지 아니하고
등경 위에 두나니 이러므로 집 안 모든 사람에게 비치느
니라 이같이 너희 빛이 사람 앞에 비치게 하여 그들로 너
희 착한 행실을 보고 하늘에 계신 너희 아버지께 영광을
돌리게 하라 (마태복음 5:14–16)

가치를
보존하는 사람들

세상의 도덕적 쇠퇴 속에서 당신은 부패를 막는 소금과 같다. 당신의 삶은 정의와 사랑의 기준이 되어, 세상이 무너져도 바르게 서 있는 기둥이 된다. 맛을 잃은 소금은 단순한 흙과 다를 바 없다. 마찬가지로, 당신이 자신의 가치를 잃는다면, 세상을 지탱할 힘을 잃게 된다.

당신의 친절은 냉소를 치유하고, 당신의 공정함은 불의를 부순다. 당신이 보여 주는 사랑은 사람들로 하여금 더 사랑하고 싶게 만든다. 정의를 위한 당신의 작은 행동은 세상에 균열을 만들어 희망이 흘러들어오게 한다. 당신은 단순히 존재하는 것이 아니라, 세상의 본질을 바꾸는 역할을 맡은 자다. 당신의 소금기가 이 세상을 더 오래 지속되게 한다.

너희는 세상의 소금이니 소금이 만일 그 맛을 잃으면 무엇으로 짜게 하리요 후에는 아무 쓸 데 없어 다만 밖에 버려져 사람에게 밟힐 뿐이니라 (마태복음 5:13)

감사의
기술

행복을 원한다면, 역경이 당신의 삶을 압도하도록 두지 마라. 고난은 당신의 시선을 순간적인 문제에 묶어두려 한다. 하지만 그것이 진짜 문제인가? 당신의 삶에는 이미 누릴 수 있는 광대한 축복의 바다가 있다. 감사는 그 바다로 가는 다리다.

감사는 단순히 좋은 일에 대해 고개를 끄덕이는 것이 아니다. 그것은 지금의 시련 속에서도 당신이 받은 은혜를 기억하고, 그것을 세상에 전하는 적극적인 선택이다. 당신의 시야가 문제에만 고정된다면, 당신은 그 문제에 갇히게 된다. 그러나 당신이 받은 선물들을 떠올리고, 그 이야기를 다른 사람과 나눌 때, 마음속에 감사의 빛이 퍼진다. 그 빛은 행복으로 당신을 채운다.

허락하지 아니하시고 그에게 이르시되 집으로 돌아가 주께서 네게 어떻게 큰 일을 행하사 너를 불쌍히 여기신 것을 네 가족에게 알리라 하시니 (마가복음 5:19)

새롭게
태어난다는 것

삶의 진정한 시작은 육체의 탄생이 아니라 영혼의 각성에서 비롯된다. 자신의 죄를 깨닫고 변화를 갈망하는 마음이야말로 새로 태어나는 첫걸음이다. 다시 태어난다는 것은 단순히 과거를 지우는 것이 아니다. 그것은 욕망을 내려놓고 진리를 갈망하며, 매일 자신의 이기심을 십자가처럼 내려놓는 결단이다.

진정한 변화를 원한다면, 삶의 초점을 바꿔라. 이 세상의 덧없는 보물이 아닌, 영원한 가치를 따르라. 삶의 열매는 그 뿌리를 증명한다. 이기심, 교만, 탐욕 대신 사랑, 인내, 친절, 자비라는 새로운 열매가 맺힌다면, 당신은 새로 태어난 것이다. 매일을 새롭게 태어나는 기회로 삼아라.

육으로 난 것은 육이요 영으로 난 것은 영이니 내가 네게 거듭나야 하겠다 하는 말을 놀랍게 여기지 말라 (요한복음 3:6–7)

측량할 수 없는
사랑의 본질

인류는 처음부터 선택의 순간마다 오만과 불순종을 택해
왔다. 그럼에도, 그 끝없는 반역 앞에서 창조주는 멸망이
아닌 구원을 계획하셨다. 사랑이란 자신의 가장 소중한
것을 내어주는 것이다. 세상은 혐오와 무시에 찬 반응을
보일지라도, 진정한 사랑은 그 가치와 상관없이 베푸는
것이다.

인류의 죄는 무한히 거룩한 존재에게 끝없는 상처를 주는
행위였다. 그러나 사랑은 그 상처를 덮어 모든 반역을 감
싸 안는 선택을 한다. 자신의 소중한 것을 희생하면서도,
사랑의 본질은 결코 후회하지 않는다. 이 사랑은 상상을
초월하며, 인간의 이기적 본능으로는 도달할 수 없는 경
지에 있다. 세상 모든 것으로도 설명할 수 없는 사랑이 바
로 당신의 생명을 가능하게 한다.

♛

하나님이 세상을 이처럼 사랑하사 독생자를 주셨으니 이
는 그를 믿는 자마다 멸망하지 않고 영생을 얻게 하려 하
심이라 (요한복음 3:16)

심음 없이
거둠도 없다

말씀의 씨앗은 영생의 열매를 위해 반드시 뿌려져야 한다. 당신이 진리를 전할 때, 그 씨앗은 듣는 이들의 마음속에 뿌려진다. 어떤 이는 거부하고, 어떤 이는 귀 기울이며, 또 어떤 이는 그것을 맛볼 것이다. 그러나 결국 어떤 마음에는 이 씨앗이 뿌리를 내려 성장하고, 열매를 맺게 된다.

심는 과정은 보이지 않는 수고와 믿음을 요구한다. 수확의 기쁨은 크지만, 그 기쁨은 씨를 뿌리는 사람들의 헌신이 있어야 가능하다. 씨를 뿌리면서 수확을 당장 볼 수 없는 경우도 많다. 그러나 포기하지 말아야 한다. 심지 않으면 거둘 수 없기 때문이다. 수확의 날이 오면, 심는 사람과 거두는 사람이 함께 기뻐하게 된다.

거두는 자가 이미 삯도 받고 영생에 이르는 열매를 모으나니 이는 뿌리는 자와 거두는 자가 함께 즐거워하게 하려 함이라 그런즉 한 사람이 심고 다른 사람이 거둔다 하는 말이 옳도다 (요한복음 4:36–37)

용서와
믿음을 말하다

짐을 내려놓는 자가
평안을 얻는다

무거운 짐은 그 자체로 삶을 가라앉히지 않는다. 짐을 내려놓지 못하는 마음이 스스로를 무겁게 만든다. 평안은 모든 짐을 내려놓을 용기를 가진 자의 것이다. 짐은 여전히 있을지라도, 그것을 바라보는 마음이 가벼워질 때, 그 짐은 더 이상 삶을 얽매지 않는다. 가벼움은 짐의 부재에서 오지 않는다. 그것은 자유로운 마음에서 시작된다.

♛

수고하고 무거운 짐 진 자들아 다 내게로 오라 내가 너희를 쉬게 하리라 나는 마음이 온유하고 겸손하니 나의 멍에를 메고 내게 배우라 그리하면 너희 마음이 쉼을 얻으리니 (마태복음 11:28-29)

등불을 밝히는 자가
잔치에 들어간다

미래는 누구에게도 보장되지 않는다. 그러나 준비된 자는
늦어지는 시간에도 흔들리지 않는다. 기름을 채우는 일은
오늘의 몫이다. 미련한 자는 내일을 기대하며 손을 놓지
만, 슬기로운 자는 오늘의 등불을 꺼뜨리지 않는다. 잔치
에 들어가는 문은 기다림의 순간에 충실했던 자에게만 열
린다.

그들이 사러 간 사이에 신랑이 오므로 준비하였던 자들
은 함께 혼인 잔치에 들어가고 문은 닫힌지라 그 후에 남
은 처녀들이 와서 이르되 주여 주여 우리에게 열어 주소
서 대답하여 이르되 진실로 너희에게 이르노니 내가 너희
를 알지 못하노라 하였느니라 그런즉 깨어 있으라 너희
는 그 날과 그 때를 알지 못하느니라 (마태복음 25:10–13)

바늘귀와 금화의 무게

청년은 많은 것을 가졌으나, 모든 것을 잃고 있었다. 소유는 마음을 채우기보다 묶어 두는 족쇄였다. 재물은 영혼의 무게를 더해 바늘귀를 통과할 여유조차 앗아간다.

진정한 부요함은 소유의 많음이 아니라, 소유에서 자유로워지는 경지에 있다. 금화에 붙잡힌 손은 새로운 보물을 붙잡을 수 없다.

청년은 근심하며 떠났지만, 소유를 내려놓은 자는 하늘의 넓은 문을 발견한다. 부요함은 손을 비울 때 찾아오는 빛과 같다. 무엇을 가지고 있는지가 아니라, 무엇을 놓아줄 수 있는지가 영혼의 크기를 결정한다.

예수께서 그를 보시고 사랑하사 이르시되 네게 아직도 한 가지 부족한 것이 있으니 가서 네게 있는 것을 다 팔아 가난한 자들에게 주라 그리하면 하늘에서 보화가 네게 있으리라 그리고 와서 나를 따르라 하시니 (마가복음 10:21)

용서,
자유로 가는 길

용서는 본능이 아니다. 상처를 받을 때, 자연스러운 반응은 분노와 복수다. 하지만 용서는 본능을 넘어선 선택이다. 용서하지 않는다면 당신은 과거의 상처에 묶여 살게 된다. 용서란 상대가 그것을 받을 자격이 있어서가 아니라, 자신이 더 이상 상처에 얽매이지 않겠다는 선언이다.

용서의 힘은 스스로 만들어지지 않는다. 그것은 상처보다 더 큰 사랑과 은혜를 깨달을 때 가능해진다.

♛

그 종의 주인이 불쌍히 여겨 놓아 보내며 그 빚을 탕감하여 주었더니 그 종이 나가서 자기에게 백 데나리온 빚진 동료 한 사람을 만나 붙들어 목을 잡고 이르되 빚을 갚으라 하매 (마태복음 18:27-28)

029

가장 사소한
머리털조차

참새와 같이 작은 생명조차 세상의 흐름 속에서 잊히지 않는다. 더욱이 인간은 그 모든 것보다 귀중하다. 너의 가치는 눈에 보이는 크기나 무게로 결정되지 않는다. 가장 사소한 머리털조차 헤아릴 수 있다면, 삶의 모든 순간도 마찬가지다. 두려움은 너의 존재가 잊힐까 걱정하지만, 실은 너는 이미 충분히 기억되고 있다.

♛

참새 다섯 마리가 두 앗사리온에 팔리는 것이 아니냐 그러나 하나님 앞에는 그 하나도 잊어버리시는 바 되지 아니하는도다 너희에게는 심지어 머리털까지도 다 세신 바 되었나니 두려워하지 말라 너희는 많은 참새보다 더 귀하니라 (누가복음 12:6-7)

짐을 내려놓고,
진정한 힘에 맡겨라

당신은 삶의 무게를 홀로 지고 가고 있는가? 나는 당신이 나에게 몸을 맡기기를 원한다. 내 말 속에서 답을 찾고, 내 삶에서 길을 배우라. 나의 멍에는 쉽고, 내 짐은 가볍다. 당신이 나에게 자신을 맡길 때, 나는 당신의 무거운 짐을 짊어지고 그 무게를 덜어줄 것이다.

내 말을 듣고 그것을 따라 살아갈 때, 당신의 믿음은 단단해지고 영혼은 쉼을 얻는다. 내 말은 단순한 위로가 아니라 당신의 삶을 변화시킬 힘이다. 내 말과 함께라면 당신은 삶의 혼란 속에서도 평안을 찾을 수 있다. 내가 약속한다.

내 안에 거하라 나도 너희 안에 거하리라 가지가 포도나무에 붙어 있지 아니하면 스스로 열매를 맺을 수 없음 같이 너희도 내 안에 있지 아니하면 그러하리라 (요한복음15:4)

물 위를
걷는 자의 믿음

물 위를 걷는 것은 발이 아니라, 믿음이다. 두려움은 바람과 같이 우리를 흔들고, 의심은 무거운 돌처럼 우리를 가라앉힌다. 현재를 직시하고 흔들리지 않는 자만이 물 위에서 걸을 수 있다. 의심은 너를 무너뜨리고, 믿음은 너를 떠오르게 한다. 바람을 보지 말라, 믿음으로 발걸음을 내디뎌라. 물 위의 길은 믿음 속에 있다.

♛

예수께서 이르시되 할 수 있거든이 무슨 말이냐 믿는 자에게는 능히 하지 못할 일이 없느니라 하시니 (마가복음 9:23)

고난의 길 위에
놓인 하늘

의를 따르는 자의 길은 가시밭길이다. 박해는 고통스럽지만, 그것은 영혼을 단련하고 세상의 정의를 증명한다. 고난은 하늘의 문을 여는 열쇠이며, 그 문 너머에는 가장 큰 상이 기다리고 있다. 고난은 단순한 상처가 아니라, 영원의 기쁨을 약속하는 도장이 찍힌 과정이다. 고난을 맞이하라. 그것은 너를 넘어선 세계로 이끄는 길이다.

♛

의를 위하여 박해를 받은 자는 복이 있나니 천국이 그들의 것임이라 나로 말미암아 너희를 욕하고 박해하고 거짓으로 너희를 거슬러 모든 악한 말을 할 때에는 너희에게 복이 있나니 기뻐하고 즐거워하라 하늘에서 너희의 상이 큼이라 너희 전에 있던 선지자들도 이같이 박해하였느니라 (마태복음 5:10–12)

고난의 잔을
마시는 용기

고통 앞에서 두려움은 인간의 본성이다. 그러나 진정한
용기는 두려움을 외면하지 않고 그것을 받아들이는 데 있
다. 자신의 뜻을 내려놓고 더 큰 목적에 순종하는 자는 고
통을 넘어서 새로운 길을 연다. 고난의 잔은 피하고 싶은
유혹을 던지지만, 그것을 마시는 자는 삶의 진정한 깊이
를 경험한다.

♛

이에 예수께서 제자들과 함께 겟세마네라 하는 곳에 이
르러 제자들에게 이르시되 내가 저기 가서 기도할 동안에
너희는 여기 앉아 있으라 하시고 베드로와 세베대의 두
아들을 데리고 가실새 고민하고 슬퍼하사 이에 말씀하시
되 내 마음이 매우 고민하여 죽게 되었으니 너희는 여기
머물러 나와 함께 깨어 있으라 하시고 (마태복음 26:36-38)

믿음이 흐르는
생명의 강물

당신이 진정으로 믿음을 선택할 때, 당신의 내면에서 생수의 강이 솟아오른다. 이 강물은 당신에게 사랑과 기쁨, 평화와 인내, 친절과 신실함, 자제력과 온유함을 가득 채운다. 그러나 믿음은 단순한 감정이 아니다. 믿음은 매일 내 말을 듣고, 그 말씀에 따라 행동하는 결단이다.

당신이 무관심하거나 불순종을 선택하면, 생명의 강물은 막히고 만다. 하지만 말씀 안에 거하며 그 뜻을 행할 때, 그 강물은 멈추지 않고 흘러 넘쳐 주변의 사람들에게 생명을 불어넣는다. 당신의 믿음은 당신을 넘어 다른 이들의 삶까지 축복한다. 오늘, 생수의 강을 흐르게 하라.

♛

나를 믿는 자는 성경에 이름과 같이 그 배에서 생수의 강이 흘러나오리라 하시니 (요한복음 7:38)

믿음은
행동에서 시작된다

믿음은 감정이 아니라 선택이다. 의심은 언제나 당신의 마음에 씨앗처럼 스며들려 한다. 그러나 그 씨앗이 뿌리를 내리는 것은 당신의 결정에 달려 있다. 의심이 마음을 흔들 때, 그것을 대체할 유일한 방법은 믿음으로 행동하는 것이다. 믿음은 단지 생각하는 것이 아니라 내가 한 말을 따르고 실천하는 데서 완성된다.

세상은 보고 나서야 믿으려 하지만, 진정한 믿음은 보지 않고도 나의 말을 신뢰하고 행동으로 옮기는 것이다. 의심을 두려움으로 키우지 말고, 나의 약속을 붙잡고 용기를 내어라. 당신이 믿음으로 나아갈 때, 내가 약속한 모든 것은 이루어진다. 믿음은 선택이며, 그 선택은 당신의 삶에 생명을 불어넣는 첫걸음이다.

도마에게 이르시되 네 손가락을 이리 내밀어 내 손을 보고 네 손을 내밀어 내 옆구리에 넣어보라 그리하여 믿음 없는 자가 되지 말고 믿는 자가 되라 (요한복음 20:27)

소유의 끝에서
만나는 풍요

재물과 소유는 손에 잡히지만, 그 무게는 영혼을 묶는다. 풍요란 소유의 양이 아니라 마음의 가벼움이다. 우리는 부요함을 외적 숫자로 측정하려 하지만, 그 숫자는 시간이 지나면 사라지는 그림자에 불과하다. 진정한 부요함은 눈에 보이지 않는 곳에서 시작된다.

"네가 가진 것이 아니라, 네가 나누는 것이 네 삶의 잔고를 채운다."

오늘을 넘는 영원한 양식은 우리의 영혼이 자유롭게 숨 쉬게 한다. 물질이 손에서 빠져나갈 때, 그 빈 공간을 사랑과 나눔으로 채워라. 썩을 것을 붙잡는 대신, 영원히 남을 것을 쫓아라.

질문은 단순하다. "무엇을 쫓아 내 삶을 바치는가?"

썩을 양식을 위하여 일하지 말고 영생하도록 있는 양식
을 위하여 하라 이 양식은 인자가 너희에게 주리니 인자
는 아버지 하나님께서 인치신 자니라 (요한복음 6:27)

정죄의 돌을 내려놓고
새로 시작하라

완벽한 자만이 판단할 권리를 가진다. 그러나 모든 인간은 흠결을 안고 있다. 돌을 들었던 손을 내려놓는 순간, 우리는 타인의 죄가 아닌 자신의 결핍을 마주한다. 정죄는 자유를 주지 못하며, 용서는 새로운 시작의 문을 연다. 당신을 옭아맸던 돌들을 내려놓고, 과거를 넘어 새로운 길을 걸어라.

♔

그들이 묻기를 마지 아니하는지라 이에 일어나 이르시되 너희 중에 죄 없는 자가 먼저 돌로 치라 하시고 (요한복음 8:7)

미움의 벽을 허물고
성숙해지기

새로운 삶은 성숙한 신념으로부터 시작된다. 처음에는 상처에는 상처로, 미움에는 미움으로 반응했던 당신. 이제는 더 나아갈 때다. 성숙함이란 단순히 좋은 사람들에게만 사랑을 주는 것이 아니다. 진정한 성장은 당신을 미워하고, 상처 준 사람들을 사랑할 수 있을 때 시작된다. 감정은 강요할 수 없지만, 행동은 선택할 수 있다. 성숙한 믿음은 사랑을 주저하지 않고, 축복을 미루지 않으며, 원수조차도 품는다. 이 길을 따를 때, 당신은 진정한 완전함에 가까워질 것이다.

♛

그러므로 하늘에 계신 너희 아버지의 온전하심과 같이 너희도 온전하라 (마태복음 5:48.)

약점은
나의 이해로 채워진다

당신의 의지는 종종 강하지만, 육체는 언제나 완벽하지 않다. 마음은 따르려 하나 몸은 흔들릴 때가 있다. 그 약점을 정죄하지 않는다. 그것을 이해한다. 당신의 실패는 끝이 아니다. 넘어질 때마다 손을 내밀어 다시 일어설 기회를 준다. 그러나 기억하라, 강한 의지에도 유혹은 빈틈을 찾는다. 깨어 있으라. 그리고 기도로 당신의 마음과 몸을 하나로 묶으라. 약점은 당신을 넘어뜨릴 수 있지만, 그것이 결코 당신을 정의할 수는 없다.

♛

시험에 들지 않게 깨어 기도하라 마음에는 원이로되 육신이 약하도다 하시고 (마태복음 26:41)

두려움은
믿음의 빈자리다

두려움은 믿음이 자리를 비운 곳에 숨어든다. 환경이 운명을 좌우한다고 착각할 때, 두려움은 당신을 흔든다. 그러나 기억하라. 폭풍 속에서도 당신은 안전한 손길 안에 있다. 믿음은 파도를 잠재우지 않을지언정, 당신의 마음에 평화를 가져온다. 두려움은 선택이 아니라, 믿음을 잃은 결과다. 당신의 마음을 진리로 채워라. 믿음으로 무장한 심장은 두려움을 용기로 바꾼다.

♔

이에 제자들에게 이르시되 어찌하여 이렇게 무서워하느냐 너희가 어찌 믿음이 없느냐 하시니 (마가복음 4:40)

믿음은
행동으로 증명된다

진정한 믿음은 단순히 생각하는 데 머물지 않고, 행동으로 이어진다. 당신이 믿는다면, 삶은 변하고, 당신의 손길은 더 큰 일을 이루게 된다. 믿음은 나를 향한 갈망으로 시작되지만, 그 완성은 내 말을 따르고 실천하는 데 있다. 믿음은 생각의 문제가 아니라 실천의 문제다.

행동 없는 믿음은 단지 공허한 선언일 뿐이다. 믿음은 당신이 진정으로 신뢰하는 대상에 따라 가르침을 삶으로 옮길 때, 더 큰 힘을 발휘한다. 그러니 믿음을 마음에만 두지 말고 손과 발로 펼쳐라. 그때 당신은 내가 한 일, 그리고 그보다 더 큰 일을 할 수 있다.

내가 진실로 진실로 너희에게 이르노니 나를 믿는 자는
내가 하는 일을 그도 할 것이요 또한 그보다 큰 일도 하
리니 이는 내가 아버지께로 감이라 (요한복음 14:12)

진정한
믿음의 모습

믿음은 단순한 동의가 아니다. 그것은 심장의 맥박처럼 삶 속에서 느껴지고, 행위로 드러난다. 진정으로 믿는 사람은 단순히 이름을 부르는 것에 머물지 않는다. 그들은 행동으로 믿음을 증명하며, 사랑하고 용서하며, 자비를 베푼다.

믿음은 말에 그치지 않는다. 그것은 선택과 행동 속에서 자라난다. 마음속 깊은 곳에서 우러난 믿음은 진리를 따라가는 여정을 만든다. 이 믿음은 자신이 원하는 대로 사는 것이 아닌, 진리의 목소리를 따르며 사랑과 용서를 실천하는 삶이다. 진정한 믿음은 당신을 거짓된 안식에서 끌어내어, 삶의 모든 순간에서 더 높은 목표를 향하도록 이끈다.

나더러 주여 주여 하는 자마다 다 천국에 들어갈 것이 아
니요 다만 하늘에 계신 내 아버지의 뜻대로 행하는 자라
야 들어가리라 (마태복음 7:21)

용서의
자유

용서는 가장 큰 해방이자 가장 어려운 선택이다. 상처는 오래 남고, 복수의 유혹은 달콤해 보인다. 그러나 용서를 미루는 순간, 당신은 고통에 스스로를 묶는 것과 같다. 용서하지 않는 마음은 분노와 원망의 숲을 키우고, 당신의 평화를 갉아먹는다.

용서는 상대방의 행동에 면죄부를 주는 것이 아니다. 그 것은 당신 자신을 무거운 짐에서 해방시키는 열쇠다. 당신이 받은 용서를 떠올려라. 그것이 믿음의 씨앗이 되어 당신도 남을 용서할 수 있게 만든다.

너희가 사람의 잘못을 용서하면 너희 하늘 아버지께서도
너희 잘못을 용서하시려니와 너희가 사람의 잘못을 용서
하지 아니하면 너희 아버지께서도 너희 잘못을 용서하지
아니하시리라 (마태복음 6:14–15)

측량하는 잣대는
당신 자신을 돌아보게 한다

판단은 쉽지만, 그 판단의 기준은 자신에게도 동일하게 적용된다. 누군가를 정죄하거나 비난하기 전에, 당신 자신이 얼마나 완전한지를 먼저 생각하라. 남을 용서하지 못하면 당신도 용서받을 수 없다. 주는 것은 단순히 물질적인 것이 아니라 마음과 태도의 문제다. 당신이 넉넉히 주면, 그것은 넘치고 흔들리는 축복으로 되돌아온다.

눈먼 자가 눈먼 자를 인도할 수 없듯이, 스스로의 부족함을 돌아보지 않고 남을 이끌려는 태도는 위험하다. 자신을 돌아보고 내면을 가꿔라. 당신이 남에게 보여 준 자비와 관대함이 곧 당신 자신에게 비추는 빛이다. 판단 대신 용서를, 비난 대신 사랑을 선택하라.

비판하지 말라 그리하면 너희가 비판을 받지 않을 것이
요 정죄하지 말라 그리하면 너희가 정죄를 받지 않을 것
이요 용서하라 그리하면 너희가 용서를 받을 것이요 주
라 그리하면 너희에게 줄 것이니 곧 후히 되어 누르고 흔
들어 넘치도록 하여 너희에게 안겨 주리라 너희가 헤아리
는 그 헤아림으로 너희도 헤아림을 도로 받을 것이니라

(누가복음 6:37–38)

사랑은
용서의 깊이에서 피어난다

예수께서 시몬에게 말씀하셨다. "내가 네 집에 왔으나 너는 내 발에 물을 주지 않았다. 그러나 이 여인은 자신의 눈물로 내 발을 씻고, 머리털로 그것을 닦았다." 이 여인의 행동은 단순한 예절이 아니라 용서받은 자의 감사와 사랑의 표현이었다.

우리의 삶도 마찬가지다. 자신이 받은 은혜를 깨닫는 자는 사랑으로 가득 차게 된다. 남을 판단하기 전에, 먼저 자신이 얼마나 많은 빚을 탕감받았는지 돌아보라. 사랑은 용서에서 시작된다.

♛

이르시되 빚 주는 사람에게 빚진 자가 둘이 있어 하나는 오백 데나리온을 졌고 하나는 오십 데나리온을 졌는데 갚을 것이 없으므로 둘 다 탕감하여 주었으니 둘 중에 누

가 그를 더 사랑하겠느냐

그 여자를 돌아보시며 시몬에게 이르시되 이 여자를 보느
냐 내가 네 집에 들어올 때 너는 내게 발 씻을 물도 주지
아니하였으되 이 여자는 눈물로 내 발을 적시고 그 머리
털로 닦았으며 (누가복음 7:41, 42, 44)

유혹 앞에서
흔들리지 않는 힘

유혹에 맞설 수 있는 가장 강력한 무기는 진리의 말씀이다. 세상의 속삭임은 순간적이지만, 말씀은 흔들림 없는 빛으로 당신을 비춘다. 흔들리는 순간마다 그 말씀을 붙들어라. 그것은 당신의 방패가 되고, 방향을 잃지 않게 하는 나침반이 된다. 당신의 내면은 물질적 해결책만으로 채워질 수 없다.

유혹을 이겨내는 힘은 의지에서 나오지 않는다. 말씀 안에 깊이 뿌리내릴 때, 비로소 그 힘은 생겨난다. 당신이 그 말씀을 삶에 새길 때, 어떤 유혹도 당신을 무너뜨릴 수 없다. 말씀은 단순한 글이 아니라, 당신의 길을 밝히는 빛이며 흔들리지 않는 힘이다. 그것에 머물러라. 그것이 당신의 승리다.

예수께서 대답하여 이르시되 기록되었으되 사람이 떡으로만 살 것이 아니요 하나님의 입으로부터 나오는 모든 말씀으로 살 것이라 하였느니라 하시니 (마태복음 4:4)

영원히
함께할 약속

삶의 길이 험난해도 혼자가 아님을 기억해야 한다. 매일 진리의 말을 마음에 새기고, 그 말씀이 당신의 생각을 씻어내도록 해야 한다. 그 믿음 속에서 당신은 어떤 어둠도 물리칠 힘을 얻는다. 당신을 지키는 약속은 변하지 않는다. 실패 속에서도, 의심 속에서도 당신은 버려지지 않는다. 함께 걷는 발걸음마다, 당신은 자신을 위한 길이 아닌 더 큰 진리를 세상에 드러내는 빛이 된다.

♛

아버지께서 내게 주시는 자는 다 내게로 올 것이요 내게 오는 자는 내가 결코 내쫓지 아니하리라 (요한복음 6:37)

3장

가난과
부요를 말하다

진정한 부는
보이지 않는 곳에 있다

시련과 고난, 가난 속에서도 진정한 부자는 될 수 있다. 그 이유는 세상의 재물이 진정한 부의 척도가 아니기 때문이다. 아버지의 부는 외형적인 소유물이 아니라 내면의 평화와 기쁨, 의로움과 사랑이다. 미움 속에서도 용서하는 힘, 고통 속에서도 품는 희망, 부족함 속에서도 느끼는 만족이야말로 진정한 부의 원천이다.

고대 서머나의 제자들은 가난과 박해 속에서도 나를 향한 사랑과 의를 실천하며 다른 이들에게 빛나는 모범이 되었다. 그들은 세상의 기준으로는 가난했지만, 영적으로는 아시아 전역에서 가장 부유한 사람들이었다. 당신이 가진 물질이 많든 적든, 그 자체가 당신의 가치를 결정하지 않는다. 중요한 것은 당신이 그 소유물을 어떻게 관리하고, 아버지의 사랑과 평화를 세상에 어떻게 나누는가이다.

♛

 내가 네 환난과 궁핍을 알거니와 실상은 네가 부요한 자
니라 자칭 유대인이라 하는 자들의 비방도 알거니와 실
상은 유대인이 아니요 사탄의 회당이라 (요한계시록 2:9)

두 마리 토끼를 좇다 하나도 못 잡는다

인생에서 한 사람은 오직 하나의 주인만 가질 수 있다. 돈과 물질은 유혹적이지만, 그들이 당신의 인생을 사랑으로 이끌거나 진정한 자유를 줄 수는 없다. 당신의 마음을 차지하려는 모든 것 중에서 무엇을 선택할지는 오롯이 당신의 몫이다. 그러나 기억하라, 진정한 주인은 당신을 사랑하고 당신의 길을 아는 이여야 한다.

삶에서 매일 내리는 가장 큰 선택은 무엇을 섬길 것인가이다. 당신의 열망과 행동은 이미 당신의 주인을 보여 주고 있다.

♔

한 사람이 두 주인을 섬기지 못할 것이니 혹 이를 미워하고 저를 사랑하거나 혹 이를 중히 여기고 저를 경히 여김이라 너희가 하나님과 재물을 겸하여 섬기지 못하느니라

(마태복음 6:24)

보화는
포기의 대가로 얻어진다

진정으로 값진 것은 손에 쥔 것을 놓을 용기를 요구한다. 숨겨진 보화는 그것을 위해 모든 것을 포기한 자에게만 드러난다. 진주는 삶의 가벼운 탐욕으로는 결코 살 수 없는 무게를 지닌다. 한순간의 결단이 세상의 모든 것을 내려놓게 하고, 결국 진정한 가치를 얻는 길로 이끈다. 너의 진주는 어디에 감추어져 있는가? 그리고 무엇을 내려놓을 준비가 되어 있는가?

♛

천국은 마치 밭에 감추인 보화와 같으니 사람이 이를 발견한 후 숨겨두고 기뻐하며 돌아가서 자기의 소유를 다 팔아 그 밭을 사느니라 또 천국은 마치 좋은 진주를 구하는 장사와 같으니 (마태복음 13:44-45)

속삭임을
세상에 외쳐라

조용한 시간에 들은 지혜는 하루를 밝히는 빛이 된다. 밤의 고요 속에서 발견한 진리는 낮의 소음 속에서 나눠져야 한다. 마음 깊은 곳에 새겨진 속삭임을 숨기지 말고, 용기와 온유함으로 세상에 전하라. 진리를 갈망하는 자들은 당신의 말 속에서 방향을 찾을 것이다. 들었는가? 그렇다면 외쳐라.

♔

내가 너희에게 어두운 데서 이르는 것을 광명한 데서 말하며 너희가 귓속말로 듣는 것을 집 위에서 전파하라 (마태복음 10:27)

쌓아둔 곡식은
누구의 것인가

미래를 바라보며 창고를 채우는 동안, 오늘의 기쁨은 문
밖에 남겨진다. 쌓아둔 곡식이 마음의 안식을 보장할 수
있는가? 내일의 안전을 준비하며 오늘의 삶을 잃는 자는
가장 어리석은 거래를 한 것이다. 영혼은 물질로 살찌우
는 것이 아니라, 지금의 순간을 온전히 사는 것으로 풍요
로워진다.

👑

또 내가 내 영혼에게 이르되 영혼아 여러 해 쓸 물건을 많
이 쌓아 두었으니 평안히 쉬고 먹고 마시고 즐거워하자
하리라 하되 하나님은 이르시되 어리석은 자여 오늘 밤
에 네 영혼을 도로 찾으리니 그러면 네 준비한 것이 누구
의 것이 되겠느냐 하셨으니 (누가복음 12:19–20)

가난한 손이
부를 잡는다

자신의 영적 가난을 깨닫는 사람만이 참된 부를 얻는다. 스스로 부유하다고 여기는 이들은 어둠 속에서 살아가며 진정한 빛을 보지 못한다. 반면에, 자신의 빈곤함을 인정하는 사람은 아버지의 은혜와 용서를 간절히 갈망하며, 그 갈망은 천국의 보물로 채워진다. 빈 마음과 빈손으로 나아갈 때, 참된 의와 은혜가 당신을 감싸며 하늘의 축복으로 가득 찰 것이다. 당신의 부족함은 나의 충만함으로 이어지는 통로다. 매일, 겸손히 빈손으로 나아오라. 하늘의 모든 부요함이 당신의 것이 될지로다.

♛

심령이 가난한 자는 복이 있나니 천국이 그들의 것임이요

(마태복음 5:3)

탐욕은
마음의 독을 키운다

탐욕은 끝없이 더 많은 것을 추구하게 하지만, 결국 당신의 삶에서 감사와 만족을 빼앗아 간다. 비교와 불만은 탐욕의 씨앗이 자랄 수 있는 독성의 토양을 만든다. 탐욕은 타인의 결점처럼 쉽게 보이지만, 정작 당신 안에 숨어 있을 때는 알아차리기 힘들다. 진정한 부요함은 가진 것을 감사하며, 영원히 가치 있는 것을 추구하는 데서 온다. 탐욕에 사로잡히지 않는 가장 좋은 방법은 마음의 토양을 감사로 가득 채우는 것이다.

♛

너희를 위하여 보물을 땅에 쌓아 두지 말라 거기는 좀과 동록이 해하며 도둑이 구멍을 뚫고 도둑질하느니라 오직 너희를 위하여 보물을 하늘에 쌓아 두라 거기는 좀이나 동록이 해하지 못하며 도둑이 구멍을 뚫지도 못하고 도둑질도 못하느니라 (마태복음 6:19–20)

걱정에 묶여
열매를 놓치다

삶의 걱정과 재물의 속임수는 당신이 본질을 놓치게 만드는 덫이다. 많은 시간을 일시적인 문제에 쏟으며, 진정으로 중요한 것을 잊고 있지 않은지 돌아보라. 당신이 걱정하는 대부분의 일들은 영원한 관점에서 보면 하찮은 것들이다. 당신이 걱정 속에 갇혀 있다면, 진정한 열매를 맺는 삶은 멀어질 수밖에 없다.

삶의 풍요는 다른 사람에게 사랑과 자비를 베푸는 데 있다. 당신의 말과 행동에서 의로움과 긍휼을 보여 주는 것이야말로 가장 큰 열매다.

눈을 돌려라. 더 큰 목적에 집중하라. 당신의 관심이 자신과 세상의 문제에서 벗어나 진리에 닿는다면, 삶은 비로소 열매를 맺기 시작한다. 진정한 빛은 세상의 걱정을 넘어서 비로소 밝혀진다.

그 날에는 내가 아버지 안에, 너희가 내 안에, 내가 너희 안에 있는 것을 너희가 알리라 (요한복음 14:20)

자비를
실천하는 기쁨

당신은 이미 아버지로부터 헤아릴 수 없는 자비를 받았다. 하지만 왜 당신에게 상처를 준 사람들에게 자비를 베푸는 일이 어려운가? 아마도 그들이 자격이 없다고 느껴지기 때문일 것이다.

그러나 자비는 본래 자격 없는 이들에게 주어진다. 당신도 아버지의 자비를 받을 자격이 있었던 적은 없었다. 그럼에도 불구하고 아버지께서는 당신의 죄를 용서하고, 갚을 수 없는 빚을 대신 갚으며, 자비를 베푸셨다. 그 대가는 십자가의 고통이었지만, 당신에게는 거저 주어진 선물이었다.

아버지와 아들은 여전히 매일 당신의 허물들을 용서하며 그들의 자비를 끝없이 베풀고 있다. 자비는 받은 자로 하여금 또 다른 자에게 베풀게 하는 힘이 있다.

당신이 받은 자비에 감사하려면, 당신에게 상처를 준 이들에게 자비를 베풀어야 한다. 그들이 자격이 있어서가 아니라, 당신이 아버지의 자비를 이미 받았기 때문이다.

♛

너희는 가서 내가 긍휼을 원하고 제사를 원하지 아니하노라 하신 뜻이 무엇인지 배우라 나는 의인을 부르러 온 것이 아니요 죄인을 부르러 왔노라 하시니라 (마태복음 9:13)

의로움에
목마른 영혼을 채우다

마지막으로 배고픔에 온 정신이 쏠렸던 순간을 기억하는가? 또는 목마름이 견딜 수 없을 정도로 절실했던 때를 떠올려보라. 음식과 물에 대한 갈망처럼, 의로움도 영혼의 생명과 건강에 필수적이다. 하지만 의로움을 얼마나 중요하게 여기는가? 혹시 삶의 다른 것들로 당신의 마음을 채우느라, 진정한 의로움에 대한 갈망을 무시하고 있지는 않은가?

당신의 영혼이 의로움으로 채워지기를 원한다면, 먼저 삶의 방향을 돌이켜야 한다. 다른 욕망을 좇는 대신 의로움을 추구해야 한다. 당신이 의를 찾고자 할 때, 단순한 열망이 아니라 깊은 갈망과 목마름으로 의로움에 다가가라. 이 갈망은 삶의 중심이 되어야 한다. 그 과정에서 의로움은 단순한 개념이 아니라 당신의 존재를 채우는 실체가 된다.

♛

의에 주리고 목마른 자는 복이 있나니 그들이 배부를 것
임이요 (마태복음 5:6)

슬픔이
당신을 묶어두지 않도록

슬픔이 당신의 삶을 지배하도록 두지 마라. 이 땅에서의 삶은 영원 속에서 한순간일 뿐이다. 슬픔이 자연스러운 감정일 수는 있지만, 그것이 당신을 따라야 할 길에서 벗어나게 해서는 안 된다. 슬픔은 당신의 기쁨을 훔치고, 당신이 걸어야 할 길을 방해할 수 있다.

삶의 어두운 순간에도 당신은 빛을 선택할 수 있다. 당신이 깊은 진리 안에 머물고, 그것을 실천에 옮길 때, 당신의 마음에는 넘치는 기쁨이 흘러들 수 있다. 이 기쁨은 단순히 개인적인 만족을 넘어 당신을 통해 다른 이들에게도 전달될 것이다. 슬픔은 오래 가지 않는다. 당신이 진리와 빛 안에 거할 때, 그 어두운 그림자는 반드시 밝은 새날로 바뀔 것이다.

지금은 너희가 근심하나 내가 다시 너희를 보리니 너희
마음이 기쁠 것이요 너희 기쁨을 빼앗을 자가 없으리라

(요한복음 16:22)

부의
속임수

당신이 가진 것들이 오히려 당신의 마음을 질식시키고 있다면, 진정으로 부유하다고 말할 수 없다. 세상의 부는 사탄의 도구가 되어 당신을 나로부터 멀어지게 만들 수도 있다. 하지만 아버지의 부는 다르다. 그것은 사랑, 용서, 지혜, 정의와 같은 영적 풍요로움이며, 한계 없이 당신에게 주어진다. 이 부는 당신을 성장시키고 다른 이에게 빛이 되게 한다.

세상의 재물에 눈을 뺏기지 말고, 아버지의 영적 보물로 마음을 채워라. 부의 유혹을 거부하고 진리를 선택하라. 당신이 따라야 할 길은 세상의 부가 아닌, 영원한 가치로 가득 찬 길이다.

네가 말하기를 나는 부자라 부요하여 부족한 것이 없다 하나 네 곤고한 것과 가련한 것과 가난한 것과 눈 먼 것과 벌거벗은 것을 알지 못하는도다 (요한계시록 3:17)

그물을 내릴 때
기적은 시작된다

사이먼은 밤새 그물을 던졌지만 단 한 마리의 물고기도 잡지 못했다. 그는 지쳐 있었고 더 이상 시도할 의욕조차 없었다. 하지만 그 순간, 깊은 물로 가서 그물을 내리라는 내 말에 그는 논리와 감정을 제쳐두고 순종했다. 그의 이 해를 초월한 그 선택이 기적의 시작이었다. 그의 배와 동료들의 배가 가득 차서 침몰할 정도로 많은 물고기를 잡 았다.

당신은 어떠한가? 내 말이 당신의 이해와 욕망을 초월할 때, 당신은 어떤 선택을 하는가? 의심과 논리의 그물을 내려놓지 않으면, 당신은 그 안에 채울 축복을 잡을 수 없 다. 내 명령은 종종 당신의 예상과 다를 수 있지만, 그것 은 언제나 당신을 위한 최선의 길을 제시한다. 내 말씀에 순종할 때, 당신은 단순히 나를 믿는 것이 아니라 나의 능 력과 사랑을 체험하는 문을 여는 것과 같다.

♛

말씀을 마치시고 시몬에게 이르시되 깊은 데로 가서 그
물을 내려 고기를 잡으라 (누가복음 5:4)

113

변화를 위해
그물을 내려놓아라

시간이 무르익었고, 새로운 시대의 문이 열렸다. 모든 것
이 당신의 회심과 믿음에서 시작된다. 삶의 익숙함 속에
서 그물을 던지며 살던 당신에게도 부름은 찾아온다. 자
신의 그물을 손에 든 채, 매일 반복되는 일상에 머물러 있
을 것인가, 아니면 더 큰 부름에 응답할 것인가?

변화는 현재의 도구를 내려놓는 데서 시작된다. 그물이
물고기를 잡는 데 유용했듯, 새로운 길에서는 사람의 마
음을 잡는 도구로 바뀌어야 한다. 부름을 받은 어부들은
바다에서 손을 떼고, 자신을 초월하는 목적을 향해 걸음
을 내디뎠다. 바다는 이제 물고기가 아니라 사람의 영혼
을 위한 것이 되었다.

이르시되 때가 찼고 하나님의 나라가 가까이 왔으니 회개하고 복음을 믿으라 하시더라 갈릴리 해변으로 지나가시다가 시몬과 그 형제 안드레가 바다에 그물 던지는 것을 보시니 그들은 어부라 예수께서 이르시되 나를 따라오라 내가 너희로 사람을 낚는 어부가 되게 하리라 하시니 곧 그물을 버려 두고 따르니라 (마가복음 1:15–18)

이해로 맺는
풍성한 열매

당신은 진리를 듣고 마음속에 받아들였다. 삶의 본질을 이해했고, 감당할 수 없는 빚에서 자유롭게 되었다는 사실도 깨달았다. 매일 자신의 욕망을 내려놓고 새로운 길을 따르는 것이 당신에게 주어진 부름임을 알고 있다. 하지만 그 길은 결코 쉽지 않다.

이 여정에서 마주하는 싸움은 옛 본성, 세상의 유혹, 그리고 내면의 약점과의 치열한 전투다. 이런 싸움은 헛되지 않다. 당신은 비옥한 땅과 같다. 올바른 씨앗, 즉 진리를 마음에 심으면 당신의 삶은 풍성한 열매를 맺는다.

♛

좋은 땅에 뿌려졌다는 것은 말씀을 듣고 깨닫는 자니 결실하여 어떤 것은 백 배, 어떤 것은 육십 배, 어떤 것은 삼십 배가 되느니라 하시더라 (마태복음 13:23)

4장

지혜를
말하다

말, 당신의
세상을 바꾸는 힘

말은 단순한 소리가 아니라, 삶을 변화시키는 힘이다. 내 말은 단지 정보가 아니다. 그것은 방향이고 약속이며, 믿음을 현실로 바꾸는 씨앗이다.

당신이 그것을 듣고 믿음으로 행할 때, 말은 행동이 되고, 행동은 기적이 된다. 그러나 듣기만 하고 행하지 않으면 그 말의 힘은 사라진다.

진리와 해답은 이미 주어졌다. 당신의 선택은 그것을 단순히 알고 지나칠 것인지, 아니면 삶에 실현할 것인지에 달려 있다. 말은 실패하지 않는다. 실패는 그것을 실행하지 않을 때 온다.

그러므로 누구든지 나의 이 말을 듣고 행하는 자는 그 집을 반석 위에 지은 지혜로운 사람 같으리니 비가 내리고 창수가 나고 바람이 불어 그 집에 부딪치되 무너지지 아니하나니 이는 주추를 반석 위에 놓은 까닭이요

(마태복음 7:24–25)

판단은 멈추고
자비로 빛나라

과거에는 타인의 결점과 잘못을 판단하는 것이 자연스러운 일이었다. 하지만 이제는 다르다. 당신은 자비의 그릇으로 선택되었다. 누군가의 잘못을 정죄하는 대신, 자비를 베풀라는 초대장을 받았다. 당신의 잘못에도 불구하고 베풀어진 무한한 은혜를 기억하라. 그 은혜가 당신을 구했고, 이제 당신은 그 빛을 세상에 반사해야 할 차례다.

판단은 잠시 멈추고, 자비와 은혜로 가득 찬 길을 걸어라. 자비는 무너진 다리를 잇고, 용서는 무거운 짐을 덜어준다. 판단 대신 자비를 선택할 때, 당신은 단순히 사람의 눈에 띄는 존재가 아니라, 세상에 진정한 빛을 비추는 존재가 된다.

비판을 받지 아니하려거든 비판하지 말라 너희가 비판하는 그 비판으로 너희가 비판을 받을 것이요 너희가 헤아리는 그 헤아림으로 너희가 헤아림을 받을 것이니라 어찌하여 형제의 눈 속에 있는 티는 보고 네 눈 속에 있는 들보는 깨닫지 못하느냐 (마태복음 7:1–3)

유혹을
피하는 길

당신의 약점을 아는 이들은 언제나 그 틈을 노린다. 유혹은 은밀하게 찾아와 당신의 욕망을 부채질하며, 그 대가는 생각보다 크다. 그러나 벗어날 길은 있다. 자신을 과대평가하지 말고, 그 위험을 간과하지도 마라.

매일 마음을 다해 요청하라: "유혹의 길에서 나를 지켜 주소서." 유혹은 당신의 힘만으로는 넘어설 수 없다. 하지만 올바른 방향으로 마음을 두고, 내적 균형을 유지한다면, 당신은 강해질 것이다.

하루를 시작하며, 내면에 굳건한 의지를 심고, 그것으로 자신을 이끌어라. 유혹을 피하는 길은 항상 당신 앞에 있다.

우리를 시험에 들게 하지 마옵시고 다만 악에서 구하시옵소서(나라와 권세와 영광이 아버지께 영원히 있사옵나이다 아멘) (마태복음 6:13)

진정한
연합의 비밀

일치는 생각이 아닌 행동에서 시작된다. 각자의 신념과 관점은 다를지라도, 동일한 목적을 향해 걷는 발걸음은 하나가 될 수 있다.

연합은 모든 논쟁과 이견을 내려놓고 본질에 집중할 때만 가능하다. 본질은 단순하다: 삶의 중심을 올바른 방향으로 맞추고, 말이 아닌 실천으로 증명하라.

완전한 연합은 이론이 아닌, 진정으로 살아가는 실천에서 이루어진다. 당신이 하는 모든 행동이 같은 길을 걷는 자들과의 조화를 이루는 첫걸음이다.

곧 내가 그들 안에 있고 아버지께서 내 안에 계시어 그들로 온전함을 이루어 하나가 되게 하려 함은 아버지께서 나를 보내신 것과 또 나를 사랑하심 같이 그들도 사랑하신 것을 세상으로 알게 하려 함이로소이다 (요한복음 17:23)

영원히
함께할 약속

인생은 상처로 얼룩지지만, 당신을 떠나지 않을 약속도
존재한다. 세상은 버림받음과 배신으로 가득하지만, 진정
한 안전은 모든 것을 초월한 관계에서 온다. 당신의 실패
에도 한 번 주어진 손길은 결코 등을 돌리지 않는다.

삶의 길이 험난해도 혼자가 아님을 기억해야 한다. 매일
진리의 말을 마음에 새기고, 그 말씀이 당신의 생각을 씻
어내도록 해야 한다. 그 믿음 속에서 당신은 어떤 어둠도
물리칠 힘을 얻는다.

당신을 지키는 약속은 변하지 않는다. 실패 속에서도, 의
심 속에서도 당신은 버려지지 않는다. 함께 걷는 발걸음
마다, 당신은 자신을 위한 길이 아닌 더 큰 진리를 세상에
드러내는 빛이 된다.

♕

내가 너희를 고아와 같이 버려두지 아니하고 너희에게로

오리라 (요한복음 14:18)

유혹의 길을
차단하라

유혹은 강력한 자석과 같다. 가까이 다가갈수록 당신을 더 강하게 끌어당긴다. 죄의 위험을 줄이는 가장 효과적인 방법은 유혹으로 이어지는 길 자체를 멀리해야 한다. 당신의 영혼은 그러한 위험 속에 내버려두기엔 너무나 소중하다.

죄는 종종 스스로 피할 수 있는 선택을 무시할 때 강해진다. 유혹에 반복적으로 넘어질 때마다 용서를 구하며 괴로워하기보다, 그 상황 자체를 만들지 않는 것이 중요하다. 불필요한 시험에 스스로를 내맡기지 말고, 죄의 가능성을 미리 차단하라.

다윗이 고백했듯, 당신의 마음에 내면화된 말씀은 유혹 앞에서 당신의 가장 강력한 방어막이다.

만일 네 오른 눈이 너로 실족하게 하거든 빼어 내버리라
네 백체 중 하나가 없어지고 온 몸이 지옥에 던져지지 않
는 것이 유익하며 또한 만일 네 오른손이 너로 실족하게
하거든 찍어 내버리라 네 백체 중 하나가 없어지고 온 몸
이 지옥에 던져지지 않는 것이 유익하니라 (마태복음 5:29–30)

타인을 비추는
거울 속 자신의 그림자

타인의 결점을 드러내는 것은 자신을 더 도덕적이고 존경
받는 존재로 착각하게 만든다. 자신의 부족함을 마주하는
대신, 다른 사람의 실수를 들춰내며 스스로를 높이려는
심리가 작동한다.

다른 사람의 결점을 논하기 전에 자신의 부족함을 직면하
고, 그것을 해결하려는 노력이 우선이다. 내면의 결함을
인정하고 낮아질 때, 당신은 진정한 성장의 길에 서게 된
다. 다른 사람의 칭찬에 연연하지 말고, 스스로를 겸손히
낮추어 자신의 부족함을 고치는 데 집중하라.

진정한 변화를 위해 당신의 눈에서 자신의 티를 먼저 제
거하라. 그제야 당신은 더 명확한 시선으로 세상을 바라
볼 수 있다.

보라 네 눈 속에 들보가 있는데 어찌하여 형제에게 말하기를 나로 네 눈 속에 있는 티를 빼게 하라 하겠느냐 외식하는 자여 먼저 네 눈 속에서 들보를 빼어라 그 후에야 밝히 보고 형제의 눈 속에서 티를 빼리라 (마태복음 7:4-5)

평화의 씨앗을 뿌리는 사람

평화는 단순히 갈등을 피하는 것이 아니다. 그것은 적극적으로 평화를 만드는 것이다. 당신의 말과 행동은 사랑과 격려로 가득 차야 한다. 비판과 험담을 멈추고 대신 이해와 화합을 선택하라.

평화는 당신의 내면에서 시작되어 당신이 만나는 모든 사람에게 흘러가야 한다. 평화는 나약함이 아니다. 그것은 의지와 사랑의 힘을 통해 이루어진다.

당신이 화평을 이루는 삶을 선택할 때, 당신은 사람들에게서 진정한 하나님의 자녀로 불릴 것이다. 평화의 씨앗을 뿌리는 사람은 세상을 변화시키고, 스스로도 더 큰 기쁨과 평안을 얻는다.

♛

화평하게 하는 자는 복이 있나니 그들이 하나님의 아들
이라 일컬음을 받을 것임이요 (마태복음 5:9)

두려움을
넘어서는 길

왜 두려움에 사로잡혀 스스로를 괴롭히는지 생각해 봐야
한다. 두려움은 이 세상의 일시적인 것들에 지나치게 얽
매여 있다는 신호다. 이 땅은 영원한 집이 아니고, 죽음조
차 두려워할 필요가 없다. 죽음은 단지 영원한 집으로 들
어가는 문일 뿐이다.

두려움을 극복하려면 진정한 경외의 대상을 알아야 한다.
모든 것을 주관하는 분을 존중하고 그 뜻에 따라 살아야
한다. 그렇게 하면 이 세상의 그 무엇도 당신을 위협하지
못한다. 당신의 삶에 일어나는 모든 일은 더 높은 뜻에 의
해 허락된 것이다. 그분은 당신의 필요와 어려움을 알고
있으며 끝까지 돌보신다.

몸은 죽여도 영혼은 능히 죽이지 못하는 자들을 두려워하지 말고 오직 몸과 영혼을 능히 지옥에 멸하실 수 있는 이를 두려워하라 참새 두 마리가 한 앗사리온에 팔리지 않느냐 그러나 너희 아버지께서 허락하지 아니하시면 그 하나도 땅에 떨어지지 아니하리라 (마태복음 10:28–29)

지금은 새로운 길로
돌아설 때

당신의 시간, 자원, 에너지는 무엇에 집중되고 있는가? 당신이 중요하다고 여기는 것은 무엇이며, 그것이 진정으로 의미 있는 것인가? 세상의 가치는 당신을 혼란스럽게 하고, 당신의 발걸음을 나아가야 할 길에서 벗어나게 한다. 이제 돌아설 때다. 당신의 생각과 마음을 점검하고, 자신의 길을 멈춰 서서 새로운 방향으로 나아가라.

♛

이 때부터 예수께서 비로소 전파하여 이르시되 회개하라 천국이 가까이 왔느니라 하시더라 갈릴리 해변에 다니시다가 두 형제 곧 베드로라 하는 시몬과 그의 형제 안드레가 바다에 그물 던지는 것을 보시니 그들은 어부라 말씀하시되 나를 따라 오너라 내가 너희를 사람을 낚는 어부가 되게 하리라 하시니 그들이 곧 그물을 버려 두고 예수를 따르니라 (마태복음 4:17-20)

선물,
기대를 넘어서는 것

진정한 선물은 당신이 원하는 것이 아니라, 당신에게 필요한 것이다. 모든 선물의 배후에는 사랑과 의도가 있다. 당신이 구할 때, 가장 선한 것은 주어질 것이다. 그러나 그 선물이 즉각적으로 기대와 일치하지 않을 수도 있다. 신뢰하라. 좋은 선물은 때로는 기다림의 시간을 통해, 때로는 예상치 못한 모습으로 찾아온다. 무조건적인 사랑은 결코 유해한 것을 주지 않으며, 진정한 선물은 당신의 영혼과 삶을 풍요롭게 한다.

♛

너희가 악한 자라도 좋은 것으로 자식에게 줄 줄 알거든 하물며 하늘에 계신 너희 아버지께서 구하는 자에게 좋은 것으로 주시지 않겠느냐 (마태복음 7:11)

믿음은
보는 것 너머에 있다

무엇을 보아야 믿을 수 있나. 사람들은 기적을 기대하며 나아오고, 표적을 갈망하며 나를 찾았다. 그러나 기적을 보고도 많은 사람은 더 많은 것을 원했고, 진리는 그들의 귀를 스치고 지나갔다. 그들은 표적이 줄 수 없는 것을 놓쳤다. 표적은 잠시 눈을 사로잡을 뿐, 영혼의 깊은 갈망을 채울 수 없다.

기적이 아니라 진리를 갈망해야 한다. 진리는 사람을 자유롭게 하고, 그분을 진정으로 사랑하는 길을 보여 준다. 기적은 삶의 방향을 바꾸지 못한다. 오직 진리만이 영혼을 살리고, 좁은 길에서 흔들리지 않게 붙잡아 준다. 더 많은 것을 보기보다, 그분의 말씀 안에 거하며 믿음으로 살아가야 한다. 그것이 진정한 갈망을 만족시킬 유일한 길이다.

예수께서 이르시되 너희는 표적과 기사를 보지 못하면
도무지 믿지 아니하리라 (요한복음 4:48)

그들은 당신을
이해하지 못할 수 있다

내가 베데스다에서 한 사람을 치유했을 때, 종교 지도자들은 이를 기뻐하거나 감사하기는커녕 나를 비난하고 심지어 죽이려 했다. 그들의 눈은 전통과 관습에 가려져 있었고, 내가 아버지와 함께 일한다는 말을 들었을 때 더욱 나를 미워했다.

이 세상은 아버지의 길을 보지 못하고 악한 가치관에 눈이 먼 사람들로 가득하다. 그들은 종종 선을 행하는 자를 비난하고, 나를 따르는 사람들을 오해하거나 공격한다.

하지만 낙심하지 마라. 당신이 행하는 모든 수고는 사람들의 인정이 아니라, 아버지에 대한 사랑에서 비롯된 바다. 아버지와 나는 결코 선을 행하는 일을 멈추지 않는다. 당신도 마찬가지다.

기억하라. 당신이 뿌리는 선함의 씨앗은 결국 열매를 맺는다. 이 땅에서 당신이 보낸 시간은 영원히 빛날 것이다. 사람들의 반응에 흔들리지 말고, 당신의 길을 걸어라. 그 길은 아버지와 함께하는 길이다.

♔

예수께서 그들에게 이르시되 내 아버지께서 이제까지 일하시니 나도 일한다 하시매 (요한복음 5:17)

혼자
걷지 말라

나는 이 땅에서 나를 위해 아무것도 하지 않았다. 내가 한 모든 일은 아버지께서 보여 주신 것을 따라 한 것이다. 나는 그분이 명하신 대로 말했고, 그분이 행하시는 대로 행동했다. 혼자 일하거나 독단적으로 결정한 적이 없었다. 아버지와 함께하는 매 순간은 나에게 힘과 기쁨을 주었고, 그분의 뜻을 이루는 데 완전한 자신감을 주었다.

당신도 마찬가지다. 왜 혼자서 하루를 헤쳐 나가려 하는가? 내가 아버지를 의지하며 모든 일을 했다면, 당신도 나를 의지하며 살아야 한다. 내가 다른 사람들을 돌보고 듣고 말하는 방식을 보라. 내 삶을 통해 배워라. 성령이 당신의 길을 인도하도록 맡기고, 내 말에 귀를 기울여라. 혼자 도전하거나 싸울 필요가 없다. 내가 항상 당신과 함께 있다. 내 손을 잡고 나를 따라라. 당신은 혼자가 아니다.

그러므로 예수께서 그들에게 이르시되 내가 진실로 진실
로 너희에게 이르노니 아들이 아버지께서 하시는 일을 보
지 않고는 아무 것도 스스로 할 수 없나니 아버지께서 행
하시는 그것을 아들도 그와 같이 행하느니라 (요한복음 5:19)

선물보다
더 중요한 것

한 아버지가 아들을 괴롭히는 영으로부터 구해달라고 간청했다. 사람들은 내가 병을 고치고 기적을 일으키는 모습만 기대했지만, 나는 그들에게 '믿음 없는 세대'라며 탄식했다. 내가 이 땅에 온 이유는 단지 치유자가 되기 위해서가 아니다. 나는 진리를 밝히고, 아버지의 약속을 성취하기 위해 왔다. 하지만 그들은 나의 기적은 보았으나, 나를 알지 못했다. 그들이 나의 아버지를 원하는 것은 그분 자신이 아니라 그분의 도움뿐이었다.

아버지는 그분이 행하신 일보다 훨씬 위대하신 분이다. 그분을 알게 되면 단순히 도움을 구하는 수준을 넘어, 경외와 사랑으로 그분을 바라보게 된다. 아버지는 단순한 선물 제공자가 아니다. 그분은 선물 자체를 넘어선 사랑과 기쁨의 근원이다. 선물만 바라보지 말라. 선물을 주시는 분을 깊이 알라.

예수께서 대답하여 이르시되 믿음이 없고 패역한 세대여 내가 얼마나 너희와 함께 있으며 너희에게 참으리요 네 아들을 이리로 데리고 오라 하시니 (누가복음 9:41)

모든 것이
끝났다

얼마나 많은 실수를 저질렀고, 앞으로 얼마나 더 많은 잘못을 범하게 될까? 과거의 행동뿐 아니라, 해야 할 일을 하지 않은 순간들까지 생각한다면, 그 숫자는 셀 수 없을 정도이다. 마음과 뜻, 온 힘을 다해 사랑하지 못한 적은 얼마나 많았을까? 자신을 돌보듯 다른 이를 돌보지 못한 순간들은 또 얼마나 될까? 시편 기자가 "기록이 남아 있다면 누가 설 수 있겠는가?"라고 물었던 말은 오늘날에도 똑같이 적용된다.

모든 행동과 생각이 기록된다면 인간은 그 무게를 감당할 수 없다. 그래서 완전한 구원이 필요했다. 모든 것을 갚기 위해 누군가가 대가를 지불해야 했다. 그리고 그 순간, "다 끝났다"고 선언되었다. 이 말은 과거뿐 아니라 현재와 미래에 이르기까지 모든 잘못의 대가가 완전히 갚아졌음을 의미한다.

♔

예수께서 신 포도주를 받으신 후에 이르시되 다 이루었
다 하시고 머리를 숙이니 영혼이 떠나가시니라 (요한복음
19:30)

새로운 삶은
새로운 그릇에 담아야 한다

사람들은 종종 예전의 자신을 조금씩 다듬어 더 나아지려 하지만, 그렇게 해서 얻을 수 있는 변화는 제한적이다. 바리새인들이 그랬다. 그들은 외적인 규율을 지키는 데 몰두했지만, 진정한 변화의 본질을 알지 못했다. 그들은 사랑, 은혜, 자비, 그리고 영의 힘을 이해하지 못했다. 나는 새로운 언약을 선포하러 왔다. 이 언약은 단순히 겉모습을 개선하거나 과거의 관습을 유지하는 것을 넘어, 완전히 새로운 존재로 거듭나는 것을 요구한다.

당신은 새로운 본성을 가진 사람으로 다시 태어났다. 그렇다면 과거의 방식에 얽매이지 말아야 한다. 옛 습관과 가치관을 유지한 채 새 삶을 살아가려고 애쓰는 것은, 새 포도주를 낡은 가죽 부대에 담는 것과 같다. 결과는 파괴뿐이다. 이전의 삶을 붙들려 하지 말고 과감히 내려놓아야 한다. 새로운 삶은 새 그릇에 담아야 유지될 수 있다.

새 포도주를 낡은 가죽 부대에 넣는 자가 없나니 만일 그렇게 하면 새 포도주가 부대를 터뜨려 포도주가 쏟아지고 부대도 못쓰게 되리라 새 포도주는 새 부대에 넣어야 할 것이니라 (누가복음 5:37-38)

자신의 눈을
먼저 밝히라

당신은 왜 다른 사람의 작은 결점을 발견하면서도 자신의 큰 잘못은 보지 못하는가? 자기 자신을 돌아보지 않은 채, 어찌하여 다른 사람에게 그들의 결점을 고치라고 충고할 자격이 있다고 생각하는가? 당신의 눈 속에 들보가 있는 한, 당신은 분별할 수 없고 진실로 다른 사람을 도울 수 없다. 먼저 자신을 돌아보아라. 자신의 결점을 인정하고 바로잡으라. 그 후에야 당신은 다른 사람에게 도움이 될 수 있다.

위선은 자신을 속이고 다른 사람을 상처 입힌다. 자신이 완전하다고 착각하는 순간, 당신은 이미 진리를 떠난 것이다. 자신의 눈에서 들보를 제거하는 것은 겸손함과 성찰에서 시작된다. 진정으로 남을 돕고자 한다면, 자신의 마음을 먼저 깨끗이 해야 한다.

♛

어찌하여 형제의 눈 속에 있는 티는 보고 네 눈 속에 있는

들보는 깨닫지 못하느냐 (누가복음 6:41)

빛은 드러내는
힘을 가진다

빛은 어둠을 물리치고 숨겨진 것을 드러낸다. 등불을 켜고 그것을 그릇으로 덮거나 침대 밑에 두는 것은 빛의 본질을 부정하는 일이다. 빛은 높이 세워져 모든 사람에게 비춰야 한다. 당신에게 주어진 빛은 단지 자신을 위한 것이 아니라, 다른 이들이 그 빛으로 나아오도록 하기 위해 존재한다.

감추어진 것은 반드시 드러나고, 숨겨진 진실은 결국 알려진다. 당신의 내면에 있는 빛, 즉 진리와 사랑의 힘을 숨기지 말고 세상에 드러내라. 빛은 나눌수록 더욱 밝아지고, 어둠을 몰아낼 수 있다.

누구든지 등불을 켜서 그릇으로 덮거나 평상 아래에 두지 아니하고 등경 위에 두나니 이는 들어가는 자들로 그 빛을 보게 하려 함이라 숨은 것이 장차 드러나지 아니할 것이 없고 감추인 것이 장차 알려지고 나타나지 않을 것이 없느니라 (누가복음 8:16-17)

믿음의 풍랑을
잔잔하게 하라

폭풍 속에서도 평안을 잃지 않는 힘은 믿음에서 나온다.
제자들은 바람과 물결이 배를 뒤엎을 것 같은 상황에서
공포에 휩싸였다. 그러나 예수는 잠들어 계셨다. 그분은
자연의 분노를 꾸짖으셨고, 바다는 잔잔해졌다. 두려움은
제자들의 마음을 지배했지만, 그분의 평안은 모든 혼란을
잠재웠다.

믿음은 폭풍 속에서 드러난다. 당신의 인생에 큰 풍랑이
닥칠 때, 공포에 휩싸이는 대신 믿음으로 응답하라. 믿음
은 두려움을 잔잔한 확신으로 바꾸고, 흔들리는 배를 안
정된 항로로 인도한다. 삶의 풍랑 앞에서 멈추지 말고 당
신의 내면의 믿음을 일깨워라.

하루는 제자들과 함께 배에 오르사 그들에게 이르시되 호수 저편으로 건너가자 하시매 이에 떠나 행선할 때에 예수께서 잠이 드셨더니 마침 광풍이 호수로 내리치매 배에 물이 가득하게 되어 위태한지라 제자들이 나아와 깨워 이르되 주여 주여 우리가 죽겠나이다 한대 예수께서 잠을 깨사 바람과 물결을 꾸짖으시니 이에 그쳐 잔잔하여지더라 (누가복음 8:22~24)

사랑 안에 머무르는 선택, 그리고 기쁨의 샘

삶의 깊은 기쁨은 사랑에서 시작된다. 사랑은 단순한 감정이 아니라 선택이고, 그 선택은 매일의 행동과 태도에서 드러난다. 사랑 안에 머무른다는 것은 그 본질을 배우고, 이를 삶에 실천하며 살아가는 것과 같다. 당신이 사랑의 원칙에 따라 행동할 때, 마음 깊은 곳에서 기쁨이 솟아오르고, 그 기쁨은 당신을 통해 다른 이들에게 전해진다.

기쁨이 부족하다 느껴진다면 당신의 마음이 어디에 머물고 있는지 살펴보라. 사랑의 길에서 멀어진 것은 아닌지 돌아보라. 사랑은 의무가 아니라 선택이며, 그 선택은 당신의 삶을 풍성하게 채운다. 사랑의 원칙을 따를 때, 당신은 사랑 안에서 참된 기쁨을 발견하게 될 것이다. 기쁨이 넘친다면 그것은 사랑의 열매다.

아버지께서 나를 사랑하신 것 같이 나도 너희를 사랑하였으니 나의 사랑 안에 거하라 내가 아버지의 계명을 지켜 그의 사랑 안에 거하는 것 같이 너희도 내 계명을 지키면 내 사랑 안에 거하리라 내가 이것을 너희에게 이름은 내 기쁨이 너희 안에 있어 너희 기쁨을 충만하게 하려 함이라 (요한복음 15:9–11)

5장

기도와 삶의
양식을 말하다

비어 있는 마음에
불어넣는 숨결

삶이 고갈된 것처럼 느껴질 때가 있다. 열심히 달려가지만 마음은 텅 비고, 아무리 많은 일을 해도 중요한 무언가를 놓치고 있다는 느낌이 든다. 사람들의 조언과 위로도 이 갈증을 해소할 수 없다. 그들의 말은 정보를 전달하지만, 당신에게 필요한 것은 정보가 아니라 생명이다.

나의 말은 단순한 정보가 아니다. 나의 말은 영이요 생명이다. 그것은 당신의 마음과 영혼을 새롭게 하고, 공허함을 채우며, 어둠 속에 빛을 비추고, 절망 속에 희망을 준다.

내 말은 단순한 위로를 넘어, 당신의 영혼을 채우는 생명의 근원이 된다. 그 말씀이 당신의 영혼 깊숙이 들어가 살아있는 힘으로 작용할 때, 당신은 새로운 생명력으로 충만해질 것이다. 나는 당신이 내 말 속에서 쉬기를 기다리고 있다.

♕

살리는 것은 영이니 육은 무익하니라 내가 너희에게 이른

말은 영이요 생명이라 (요한복음 6:63)

고난은
귀환의 길을 밝힌다

방황은 스스로를 잃는 것이지만, 잃어버린 자만이 길을 찾는다. 고난은 인간의 어리석음을 들춰내는 거울이며, 회복의 시작점이다. 돌아섬은 자신을 부정하는 것이 아니라, 진정한 자신을 다시 만나는 과정이다. 길을 잃었다는 사실을 깨닫는 순간, 귀환의 첫걸음은 이미 시작된 것이다.

♛

또 이르시되 어떤 사람에게 두 아들이 있는데 그 둘째가 아버지에게 말하되 아버지여 재산 중에서 내게 돌아올 분깃을 내게 주소서 하는지라 아버지가 그 살림을 각각 나눠 주었더니 그 후 며칠이 안 되어 둘째 아들이 재물을 다 모아 가지고 먼 나라에 가 거기서 허랑방탕하여 그 재산을 낭비하더니 다 없앤 후 그 나라에 크게 흉년이 들어 그가 비로소 궁핍한지라 (누가복음 15:11-14)

멸시 속에서
발견한 가치를 깨닫다

사람의 가치는 세상의 눈이 아니라, 그가 스스로 깨닫는
데서 시작된다. 멸시받던 자도 변화의 순간에는 빛나는
가능성을 품는다. 삭개오는 자신의 가치를 외면하지 않았
고, 소유를 나누는 선택으로 새로운 길을 열었다. 어둠 속
에서도 자신의 빛을 인정하라. 변화는 멸시가 아닌, 스스
로의 가치를 발견할 때 시작된다.

♔

예수께서 그 곳에 이르사 쳐다 보시고 이르시되 삭개오
야 속히 내려오라 내가 오늘 네 집에 유하여야 하겠다 하
시니 급히 내려와 즐거워하며 영접하거늘 (누가복음 19:5-6)

응답받는
기도의 비밀

기도가 응답되지 않는 이유를 고민해 본 적이 있는가. 때로는 당신의 기대와 달랐지만, 그것은 더 큰 계획의 일부였을 수 있다. 그러나 많은 경우, 응답되지 않는 이유는 당신이 진정으로 내 안에 거하지 않았고 내 말이 당신 안에 머물지 않았기 때문이다.

당신의 마음과 삶을 내 말로 채워라. 내 말을 읽고 묵상하며, 당신의 태도와 행동에 적용하라. 내 말이 당신의 생각과 소망을 바꿀 수 있다. 당신의 소망이 내 소망과 일치할 때, 당신의 기도는 자연스럽게 응답을 받는다. 응답받는 기도는 단순한 행운이 아니라, 내 안에서 살아가는 당신의 결과이다.

♔

너희가 내 안에 거하고 내 말이 너희 안에 거하면 무엇이
든지 원하는 대로 구하라 그리하면 이루리라 너희가 열
매를 많이 맺으면 내 아버지께서 영광을 받으실 것이요
너희가 내 제자가 되리라 (요한복음 15:7–8)

088

영혼을
채우는 음식

우리가 먹는 음식은 잠깐의 만족만 줄 뿐이다. 하지만 영혼을 위한 음식은 그와 다르다. 그것은 배를 채우는 대신, 마음을 평화와 기쁨으로 채우고 삶에 목적과 의미를 부여한다. 내가 말하는 이 음식은 아버지의 뜻을 행하며, 그 일을 완성하는 데서 오는 깊은 만족이다.

당신이 이 음식을 먹으려면 아버지의 뜻을 알아야 한다. 그 뜻은 내 가르침 속에 드러나 있으며, 그것은 당신이 모든 상황에서 무엇을 해야 할지 보여 준다.

아버지의 뜻을 행하는 것이 삶의 양식이 될 때, 당신은 더 이상 일시적인 만족을 좇지 않을 것이다. 대신, 영원히 지속되는 충만한 기쁨을 경험하게 된다. 오늘부터 당신의 마음과 삶을 이 음식으로 채우라.

예수께서 이르시되 나의 양식은 나를 보내신 이의 뜻을 행하며 그의 일을 온전히 이루는 이것이니라 (요한복음 4:34)

089

혼돈 속에서도
평화를 선택하라

고난은 삶의 일부다. 숨을 쉬고 물을 마시는 것만큼 당연한 일이다. 그러나 문제는 당신을 쓰러뜨리려는 것이 아니라, 당신이 더 단단해지고 성장할 기회를 준다.

세상은 어려움을 던져 주지만, 평화와 용기는 당신 스스로 선택할 수 있다. 당신을 압도하려는 고난조차도 당신의 의지와 내면의 평화를 빼앗을 수 없다. 외부의 혼돈을 잠재우는 방법은 내부의 고요에서 시작된다.

당신은 이미 모든 것을 이길 힘과 평화를 가지고 있다. 문제는 그것을 믿고, 선택하는 일이다.

♔

평안을 너희에게 끼치노니 곧 나의 평안을 너희에게 주노
라 내가 너희에게 주는 것은 세상이 주는 것 같지 아니하
니라 너희는 마음에 근심하지도 말고 두려워하지도 말라

(요한복음 14:27)

진정한 대화는
고요 속에서 시작된다

기도는 군중 속에서 외치는 것이 아니라, 고요한 방에서 내면을 펼치는 시간이다. 문을 닫고 혼자 있는 순간, 진정한 대화가 시작된다. 마음에 가득 찬 걱정과 희망을 풀어놓고, 질문과 감사로 대화를 이어가라. 답은 기다리지 않아도 온다. 진실된 기도는 보여 주는 행위가 아니라 들려오는 속삭임을 듣는 것이다.

♔

너는 기도할 때에 네 골방에 들어가 문을 닫고 은밀한 중에 계신 네 아버지께 기도하라 은밀한 중에 보시는 네 아버지께서 갚으시리라 (마태복음 6:6)

폭풍 속에서도
평안을 붙들라

두려움은 폭풍이 아니라, 그 속에서 스스로를 잃는 데서 온다. 바람과 물결은 결코 너를 무너뜨릴 수 없다. 무너지는 것은 오직 너의 믿음이다. 고난의 순간이 오더라도 그 안에서 잔잔한 평안을 붙들라. 마음의 평온은 외부의 폭풍을 잠재우는 첫걸음이다. 믿음은 단순히 바람을 피하는 것이 아니라, 그 속에서 흔들리지 않는 닻을 내리는 것이다. 폭풍은 너를 삼킬 수 없다. 너를 가라앉히는 것은 너의 두려움이다.

♛

이에 제자들에게 이르시되 어찌하여 이렇게 무서워하느냐 너희가 어찌 믿음이 없느냐 하시니 (마가복음 4:40)

기쁨은
빼앗길 수 없다

진정한 기쁨은 외부에서 오지 않는다. 그것은 어떤 환경, 사람, 혹은 권력도 빼앗을 수 없는 내면의 힘이다. 당신이 그 기쁨을 느끼지 못한다면, 그것은 세상의 탓이 아니다. 오히려 당신이 진정한 가치를 따르지 않았기 때문이다. 당신이 올바른 길을 선택하고 행동할 때, 평화와 만족이 넘치는 기쁨이 당신을 가득 채우게 된다. 한마디로 기쁨은 주어지는 것이 아니라, 선택하고 머무르게 된다.

♛

네 보물이 있는 그 곳에는 네 마음도 있느니라

(마태복음 6:21)

슬픔이 지나가는
다리임을 기억하라

슬픔은 당신의 마음을 무겁게 누를 수 있지만, 그것이 당신의 영원을 정의하지는 않는다. 깊은 비탄 속에서도 위로는 손을 내밀고 있다. 슬픔은 일시적이고, 위로는 그것보다 강하다. 당신이 그것을 외면하지 않고 받아들일 때, 기쁨은 새싹처럼 슬픔의 자리를 차지할 것이다. 당신의 사랑과 희망은 당신을 붙들 것이며, 나를 더 깊이 알아갈 때 모든 슬픔은 그 자리를 빛과 평화로 내어 주게 된다. 슬픔은 영원히 머물지 않는다. 그것은 다리일 뿐, 당신을 더 넓은 기쁨으로 인도한다.

♛

내가 진실로 진실로 너희에게 이르노니 너희는 곡하고 애통하겠으나 세상은 기뻐하리라 너희는 근심하겠으나 너희 근심이 도리어 기쁨이 되리라 (요한복음 16:20)

영원한
가치의 선택

세상의 화려함과 순간적인 보상은 종종 당신의 마음을 시험할 수 있다. 그러나 그것들은 덧없고 결국 사라질 환영일 뿐이다. 이기적이고 자기 중심적인 삶을 사는 이들이 세상의 모든 것을 가진 것처럼 보일지라도, 그들의 기쁨은 일시적이며 그들이 가장 소중히 여기는 모든 것은 언젠가 그들의 손에서 흩어진다.

반대로, 당신이 기꺼이 포기한 희생과 선택은 더 큰 영광을 위한 씨앗이다. 당신의 헌신은 이 순간뿐 아니라 영원으로 이어지게 된다. 당신이 지닌 지상의 소유와 관계를 넘어 더 큰 가치를 위해 걸어가는 발걸음은 결코 헛되지 않다.

지금의 희생이 아프고 길게 느껴질지라도, 그것은 결국 하늘의 영광으로 이어지는 작은 대가일 뿐이다. 천국에서

당신을 기다리는 기쁨은 이 땅의 어떤 보물도 비교할 수
없을 만큼 크고 영원하다.

♔

또 내 이름을 위하여 집이나 형제나 자매나 부모나 자식
이나 전토를 버린 자마다 여러 배를 받고 또 영생을 상속
하리라 (마태복음 19:29)

기도는
하늘을 여는 열쇠

기도는 단순히 말의 나열이 아니다. 그것은 가장 위대한 존재와의 대화다. 그분은 모든 것을 초월하신 동시에 당신을 가장 깊이 사랑하시는 분이다. 기도의 첫걸음은 그분의 장엄함을 인식하는 데 있다. 이름조차 온전히 담을 수 없는 그분의 거룩함, 그리고 그분이 베푸시는 사랑과 자비를 깨달아라.

당신의 뜻이 아닌, 그분의 뜻을 구하라. 그분의 계획은 당신의 욕망을 초월해 있다. 그분의 의지에는 당신과 세상을 위한 최선이 담겨 있다. 기도는 단순히 문제를 해결하려는 수단이 아니라, 그분의 마음과 연결되고, 그분의 왕국과 조화를 이루는 길이다. 그분을 알수록 당신의 바람도 그분의 뜻과 함께 흐르게 된다.

그러므로 너희는 이렇게 기도하라 하늘에 계신 우리 아버지여 이름이 거룩히 여김을 받으시오며 나라가 임하옵시며 뜻이 하늘에서 이루어진 것 같이 땅에서도 이루어지이다 (마태복음 6:9–10)

의심을 놓고
믿음을 택하라

사람들은 두려움과 의심 속에서 고민하며 살아간다. 불확실한 상황이 닥칠 때, 마음은 혼란에 빠지고 걱정이 가중된다. 그러나 진정으로 필요한 것은 믿음이다. 모든 두려움은 결국 믿음의 부재에서 시작된다. 당신이 혼란스러울 때, 스스로에게 묻지 않을 수 없다. 왜 걱정하고 있는가? 왜 의심이 마음을 사로잡는가?

불확실한 순간에도 믿음은 평온함을 가져다줄 수 있다. 그 믿음은 단순히 생각이 아니라, 행동으로 이어져야 한다. 말에 의지하고, 그것을 받아들이고, 행동으로 옮길 때 믿음은 당신의 삶을 변화시킨다. 의심 대신 확신을 선택하고, 걱정 대신 평안을 선택하라. 당신의 삶에 다가오는 고난은 일시적인 것이며, 영원한 평안은 믿음을 통해 찾아온다.

👑

예수께서 이르시되 어찌하여 두려워하며 어찌하여 마음
에 의심이 일어나느냐 (누가복음 24:38)

반석 위에 세운
삶의 증거

당신이 진정으로 나를 알고 있는지, 혹은 내가 당신을 알고 있는지 확인하는 방법은 단순하다. 그것은 당신이 내 말을 듣고 행하는지 여부에 달려 있다. 진리를 듣고도 실천하지 않는다면, 당신의 삶은 모래 위에 세워진 집처럼 쉽게 무너진다. 그러나 내 말을 따르고 삶에 적용한다면, 당신의 기초는 흔들림 없는 반석 위에 세워진다.

삶의 폭풍은 누구에게나 닥친다. 그때 당신이 어떤 기초 위에 서 있는지가 모든 것을 결정한다. 반석 위에 세운 집은 어떠한 비바람에도 무너지지 않는다. 당신의 선택과 행동이 진리 위에 기반을 둔다면, 당신의 삶은 안전하다.

너희는 나를 불러 주여 주여 하면서도 어찌하여 내가 말하는 것을 행하지 아니하느냐 내게 나아와 내 말을 듣고 행하는 자마다 누구와 같은 것을 너희에게 보이리라 집을 짓되 깊이 파고 주추를 반석 위에 놓은 사람과 같으니 큰 물이 나서 탁류가 그 집에 부딪치되 잘 지었기 때문에 능히 요동하지 못하게 하였거니와 듣고 행하지 아니하는 자는 주추 없이 흙 위에 집 지은 사람과 같으니 탁류가 부딪치매 집이 곧 무너져 파괴됨이 심하니라 하시니라 (누가복음 6:46-49)

입술이 아닌
마음으로 드리는 예배

많은 사람이 입술로는 경배하지만, 마음은 진리에서 멀리
떨어져 있다. 말과 행동이 일치하지 않는 예배는 그 자체
로 위선이며, 진정성을 결여한 것이다. 우물가의 여인처
럼 죄 속에 머물면서도 변화 없이 경배를 드리는 것은 자
기 기만이다. 진심은 있지만 그 방법이 잘못된 경우도 있
다. 그러나 진정한 예배는 마음에서 시작해 삶 전반으로
퍼져나가게 된다.

진리는 그분을 아는 데서 시작한다. 의와 사랑, 정의를 행
하며 살아가는 것이 곧 예배의 일부다. 행동은 마음을 비
추고, 삶은 경배의 표현이 된다. 당신의 입술이 당신의 마
음을 거스르지 않을 때, 그것이 바로 진리 안에서 드리는
예배다. 이는 단순한 찬양을 넘어, 삶으로 드리는 사랑의
응답이다.

♔

아버지께 참되게 예배하는 자들은 영과 진리로 예배할
때가 오나니 곧 이 때라 아버지께서는 자기에게 이렇게
예배하는 자들을 찾으시느니라 (요한복음 4:23)

기도는
믿음으로 움직인다

기도는 단순히 소망을 말하는 것이 아니다. 그것은 확신과 결단의 행위다. 산을 바다로 옮길 만한 기도는 마음 깊은 곳에서 오는 흔들리지 않는 믿음에서 시작된다. 믿음은 긍정적인 생각이나 막연한 바람에서 비롯되지 않는다. 그것은 내면에서 살이 움직이는 힘이다.

기도할 때 믿음이 없다면, 그것은 입술의 움직임에 지나지 않는다. 당신이 진정으로 나를 믿고, 내 말을 마음에 새길 때, 믿음의 씨앗은 자라나게 된다. 내 말씀을 배우고 따르며 살아갈 때, 당신의 기도는 단순한 요청을 넘어 창조의 행위로 바뀐다. 의심은 믿음으로 대체되고, 두려움은 평화로 바뀌며, 삶은 그 믿음의 열매를 맺는다.

기도는 믿음을 통해 이루어진다. 당신의 마음이 내 말씀 안에 거할 때, 당신의 기도는 단순한 희망에서 능력으로 변한다. 믿고 행하라. 그러면 기적이 당신의 삶에 열린다.

내가 진실로 너희에게 이르노니 누구든지 이 산더러 들리어 바다에 던져지라 하며 그 말하는 것이 이루어질 줄 믿고 마음에 의심하지 아니하면 그대로 되리라 그러므로 내가 너희에게 말하노니 무엇이든지 기도하고 구하는 것은 받은 줄로 믿으라 그리하면 너희에게 그대로 되리라
(마가복음 11:23-24)

영혼의
샘을 찾아라

당신의 영혼이 목마른 이유는 잘못된 샘에서 물을 찾았기 때문이다. 사람과 사물은 잠깐의 위안만 줄 뿐, 영혼 깊은 곳의 갈증을 해소할 수 없다. 진정한 만족은 외부가 아니라 당신 안에서 솟구친다. 당신이 믿음을 선택할 때, 내면에서 평화와 기쁨이 샘솟아 넘칠 것이다. 이 물줄기는 당신을 새롭게 하고, 당신의 주변까지 축복으로 적실 것이다. 갈망이 크다면, 깊은 샘을 찾아라.

♛

예수께서 이르시되 나는 생명의 떡이니 내게 오는 자는 결코 주리지 아니할 터이요 나를 믿는 자는 영원히 목마르지 아니하리라 (요한복음 6:35)

지상에서의
삶의 목적을 말하다

순간에
몰입하기

미래를 쫓으려 할 필요가 없다. 5분 후의 계획이나 5개월 뒤의 기대에 마음을 두면 현재에서 멀어진다. 미래를 생각하면 두려움과 불안이 당신을 짓누르고, 과거를 돌아보면 후회와 아픔이 당신을 가로막는다. 하지만 바로 지금 이 순간에 집중하면 평안 속에서 나의 임재를 경험할 수 있다.

지금에 충실한 마음은 주변 사람들의 필요를 느끼고, 그들에게 나의 사랑과 연민을 전달할 수 있게 한다. 당신의 작은 친절과 관심은 그들의 삶에 오래도록 남는 선물이 된다. 오늘은 순간순간에 충실하라. 마음을 지금 이곳에 두고, 오늘 주어진 기회에 전념하라. 나와 함께 매 순간을 살아가면, 모든 순간이 얼마나 소중하고 특별한지 깨닫게 된다.

♕

너희는 넉 달이 지나야 추수할 때가 이르겠다 하지 아니
하느냐 그러나 나는 너희에게 이르노니 너희 눈을 들어
밭을 보라 희어져 추수하게 되었도다 (요한복음 4:35)

열매 맺는
가지가 되기 위해

나뭇가지의 가치는 크기나 모양이 아니라 열매의 양과 질로 평가된다. 우리의 삶도 마찬가지다. 당신은 단순히 존재하거나 자신의 욕망을 충족시키기 위해 창조된 것이 아니다. 당신의 삶은 열매를 맺기 위해 설계되었으며, 그 열매는 영원한 가치를 지니고 있다.

진정한 열매는 마음의 변화를 통해 나온다. 그것은 단순한 노력으로 이루어지지 않으며, 당신이 나와 함께 거할 때만 가능하다.

내 안에 머물며 시간을 보내라. 나의 말씀이 당신의 생각과 마음을 채우게 하라. 그렇게 할 때, 당신은 나의 마음과 소망을 이해하게 된다. 그리고 당신의 삶은 많은 열매를 맺어, 당신과 당신 주위의 모든 사람들에게 축복을 받는다.

♛

나는 포도나무요 너희는 가지라 그가 내 안에, 내가 그
안에 거하면 사람이 열매를 많이 맺나니 나를 떠나서는
너희가 아무 것도 할 수 없음이라 (요한복음 15:5)

양식은
목적을 이루는 것이다

진정한 양식은 몸을 채우는 것이 아니라, 삶의 목적을 채우는 데서 온다. 염려는 배고픔을 해결하지 못하지만, 집중은 모든 것을 해결한다. 삶은 먼 미래의 걱정이 아니라, 지금 무엇을 위해 살고 있는가로 결정된다. 의미를 채우는 자는 배부르고, 목적을 잃은 자는 굶주린다. 오늘, 너의 양식은 무엇인가?

♛

그러므로 염려하여 이르기를 무엇을 먹을까 무엇을 마실까 무엇을 입을까 하지 말라 이는 다 이방인들이 구하는 것이라 너희 하늘 아버지께서 이 모든 것이 너희에게 있어야 할 줄을 아시느니라 그런즉 너희는 먼저 그의 나라와 그의 의를 구하라 그리하면 이 모든 것을 너희에게 더하시리라 (마태복음 6:31-33)

지식이 아닌
만남이 열쇠다

책 속의 진리는 길을 가리키지만, 그 길을 걷는 것은 당신에게 달려 있다. 단순히 아는 것에 머물지 말고, 생명의 본질과 연결되라. 지식을 쌓는 것은 의미 없지 않다. 하지만 지식이 방향이라면, 만남은 목적이다. 진정한 변화는 정보를 넘어서 관계 안에서 시작된다. 진리를 배우는 것을 넘어서, 진리를 살아라. 그때 비로소 삶의 의미가 빛날 수 있다.

♛

너희가 성경에서 영생을 얻는 줄 생각하고 성경을 연구하거니와 이 성경이 곧 내게 대하여 증언하는 것이니라 그러나 너희가 영생을 얻기 위하여 내게 오기를 원하지 아니하는도다 (요한복음 5:39–40)

걱정을 내려놓고
믿음으로 걷기

걱정은 미래의 그림자를 오늘로 끌어온다. 당신이 걱정에 사로잡힐 때, 지금 이 순간에 주어진 기회를 놓치게 된다. 두려움이 몰려올 때, 선택은 간단하다. 당신은 믿음을 선택하거나 불신과 걱정을 선택한다. 걱정은 믿음을 약화시키지만, 믿음은 당신을 자유롭게 한다.

당신의 마음을 나의 가르침과 약속으로 채워라. 그것들은 단순한 위안이 아니라 삶을 바꾸는 힘이다. 그것들은 당신의 발을 견고한 반석 위에 세울 것이며, 당신이 직면하는 모든 상황에서 나의 뜻을 밝혀주게 된다. 걱정을 내려놓고 나의 말에 따라 행동할 때, 당신은 참된 기쁨과 평화를 발견할 수 있다. 그것은 걱정으로 얻을 수 없는 선물이다.

♛

그러므로 내일 일을 위하여 염려하지 말라 내일 일은 내 일이 염려할 것이요 한 날의 괴로움은 그 날로 족하니라

(마태복음 6:34)

106

목적을 따라
선택받은 삶

당신이 나를 택한 것이 아니라 내가 당신을 선택했다. 당신은 단순히 존재하기 위해 선택된 것이 아니라, 변화된 삶으로 지속적인 열매를 맺기 위해 선택되었다. 열매는 애써 쥐어짜는 결과물이 아니라, 건강한 뿌리와 연결된 가지에서 자연스럽게 흘러나오는 결과다. 당신의 마음과 행동에서 진리와 선함이 흐를 때, 세상은 당신 안에서 목적을 보게 된다. 오늘, 변화와 열매를 맺는 삶에 당신 자신을 맡기라.

♛

너희가 나를 택한 것이 아니요 내가 너희를 택하여 세웠나니 이는 너희로 가서 열매를 맺게 하고 또 너희 열매가 항상 있게 하여 내 이름으로 아버지께 무엇을 구하든지 다 받게 하려 함이라 (요한복음 15:16)

영혼의 가치를
헛된 것에 바꾸지 마라

이 세상의 보물은 손에 쥔 모래와 같다. 아무리 움켜쥐어도 빠져나가며, 더 많은 것을 갈망할수록 마음은 공허해진다. 온 세상을 얻는다 해도 영혼을 잃는다면, 당신은 모든 것을 잃은 것이다. 영혼은 가장 소중한 자산이며, 무의미한 욕망이나 쾌락과 바꿀 수 없다. 영혼을 가꾸는 것은 영원한 가치를 쌓는 일이다. 헛된 것을 좇기보다 내면을 풍요롭게 하라. 진정한 기쁨은 바깥에 있는 것이 아니라 당신의 깊은 곳에 심어진다.

♛

사람이 만일 온 천하를 얻고도 제 목숨을 잃으면 무엇이 유익하리요 사람이 무엇을 주고 제 목숨을 바꾸겠느냐

(마태복음 16:26)

진짜
건강해지고 싶은가

40년 동안 아픈 사람에게 "진짜 낫고 싶냐"고 물으면, 당연히 "예"라고 할 줄 알았지. 그런데 대답 대신 자기 상황의 비참함만 줄줄이 늘어놓는 걸 보면, 진짜 낫고 싶은 건 맞나 싶다. 문제는 방법이 틀렸다. 해결책은 눈앞에 있었는데, 정작 그는 구원받을 위치나 조건을 따지고 있었다.

당신도 다르지 않다. 문제를 해결해 달라고 말은 하면서도, 정작 도움을 받을 방법까지 자기 마음대로 정한다. "이렇게 해줘야 낫겠어"라며 자기가 해결사인 척하다가 시간을 다 낭비한다. 필요한 건 간단하다. "그래, 나 낫고 싶어"라고 말하고, 주어진 길을 따르는 것뿐이다.

♛

예수께서 그 누운 것을 보시고 병이 벌써 오래된 줄 아시고 이르시되 네가 낫고자 하느냐 (요한복음 5:6)

109

두려움을
대체할 용기

두려움은 자연스럽지만, 그것에 머무르는 것은 선택이다.
당신이 마주한 역경이 크든 작든, 중요한 것은 그 순간 무
엇을 보느냐다. 두려움에 눈을 고정할 것인가, 아니면 용
기를 선택할 것인가? 폭풍 속에서도 당신은 혼자가 아니
다. 두려움을 느낄 때, 발걸음을 멈추지 말고 앞으로 나아
가라. 약속을 붙들고, 두려움을 용기로 대체하라. 모든 폭
풍은 함께 건널 때 덜 무겁다.

예수께서 즉시 이르시되 안심하라 나니 두려워하지 말라

(마태복음 14:27)

풍요로운
삶을 위한 선택

낙담한 순간에도 기억해야 할 진실이 있다. 세상은 끊임 없이 당신의 마음을 흔들고 당신을 부족함에 집중하게 만 들지만, 진정한 풍요는 그곳에서 오지 않는다. 당신의 내면은 잃어버린 것에 대한 후회와 가지지 못한 것에 대한 갈망이 아닌, 현재의 은혜와 기쁨으로 채워져야 한다.

당신이 무엇에 마음을 두는지 선택할 수 있다. 순간적인 세상의 것들에 마음을 빼앗기면, 스스로를 고갈시키는 길로 향할 뿐이다. 그러나 당신이 매일을 진리와 사랑으로 시작하고 마무리한다면, 풍성함은 당신의 것이다. 진정한 생명은 당신의 내면에서 흘러넘치고, 이는 어떤 것도 빼앗을 수 없는 기쁨으로 이어지게 된다. 오늘, 그 풍요로움을 선택하라.

♔

도둑이 오는 것은 도둑질하고 죽이고 멸망시키려는 것뿐
이요 내가 온 것은 양으로 생명을 얻게 하고 더 풍성히 얻
게 하려는 것이라 (요한복음 10:10)

죽음은
끝이 아니다

죽음은 끝이 아니다. 그것은 새로운 생명의 시작이다. 하
나의 밀알이 자신을 희생할 때, 그것은 무수한 열매를 낳
는다. 희생 없이는 아무것도 변화하지 않으며, 고통 속에
서만 풍요가 자란다. 자신을 내려놓을 용기를 가진 자는
생명을 잉태한다.

고난은 단순한 상처가 아니다. 그것은 영혼을 단련하며,
가장 높은 보상을 준비하는 과정이다. 박해받는 순간에도
고개를 들고 기뻐하라. 고난의 깊이가 클수록 그 끝에는
더욱 큰 빛이 기다리고 있다. 열매는 고통의 나무에서 자
라고, 하늘은 그 희생을 기억한다.

♛

내가 진실로 진실로 너희에게 이르노니 한 알의 밀이 땅
에 떨어져 죽지 아니하면 한 알 그대로 있고 죽으면 많은
열매를 맺느니라 (요한복음 12:24)

죽음으로
끝나지 않는 시작

삶은 이 땅에서 끝나지 않는다. 당신의 존재는 일시적인 것이 아니라 영원한 것이다. 세상의 어떤 힘도 당신의 삶에서 가장 중요한 것을 빼앗을 수 없다. 시간이 흘러도 변치 않는 사랑과 영원한 삶은 당신에게 이미 주어진 선물이다. 이 땅에서의 삶은 단지 시작일 뿐이다.

당신이 매 순간을 살아갈 때, 이 진리를 가슴에 새겨라. 세상의 어려움이나 두려움이 당신의 영혼을 흔들 수 없다. 당신은 단지 이 순간의 고통을 넘어서는 더 크고 영원한 삶의 일부일 뿐이다. 오늘 당신의 발걸음이 무겁더라도, 그 끝은 새로운 시작이라는 사실을 잊지 마라. 당신의 삶은 끝이 아닌, 영원을 향한 초대다.

♛

아버지께서 죽은 자들을 일으켜 살리심 같이 아들도 자기가 원하는 자들을 살리느니라 (요한복음 5:21)

7장

진리와 구원과
미래를 말하다

험담과 박해를
넘어서는 기쁨

다른 이들의 비난과 악의적인 행동으로 당신이 당황할 필요는 없다. 세상은 자신을 사랑하는 사람들로 가득 차 있고, 진리와 의로움이 불편하게 다가오는 이들이 많다. 그러나 당신이 진리를 따르며 겪는 고난은 절망이 아니라 기쁨으로 바뀌어야 한다. 왜냐하면 당신은 그들의 미움 속에서도 하늘의 보물을 쌓고 있기 때문이다.

과거의 선지자들 또한 당신과 같은 박해를 받았다. 그들은 세상의 환호가 아닌 진리를 선택했다. 당신이 진리와 사랑을 따라가는 여정에서 겪는 모든 어려움은 하늘에 쌓이는 보물로 변한다. 그들의 악의는 당신을 넘어설 수 없다. 오히려 당신이 사랑과 자비로 그들을 품을 때, 당신의 길은 더욱 빛난다. 언젠가 당신은 "잘했다"는 하늘의 칭찬를 듣는 날이 올 수 있다.

세상이 너희를 미워하면 너희보다 먼저 나를 미워한 줄을 알라 너희가 세상에 속하였으면 세상이 자기의 것을 사랑할 것이나 너희는 세상에 속한 자가 아니요 도리어 내가 너희를 세상에서 택하였기 때문에 세상이 너희를 미워하느니라 (요한복음 15:18–19)

보이지 않는
근원을 보려면

하루의 시작과 끝은 마음을 가장 중요한 진리로 채우는 시간이다. 아침에 눈을 뜰 때, 당신은 위대한 지혜와 끝없는 자비로 세상을 다스리는 본질을 기억해야 한다. 당신의 하루는 그분의 뜻을 발견하고 따르는 데 집중되어야 한다. 밤에 눈을 감기 전에는 당신이 그날 보았던 모든 선함과 들었던 모든 진리 속에서 위대한 의지의 손길을 떠올려야 한다.

세상은 복잡하지만, 진리는 단순하다. 그 진리는 당신의 생각과 마음에 스며들어야 한다. 당신의 행동에서 다른 사람들이 빛을 볼 수 있도록 매일 그 진리를 마음에 새기고 살아가라.

내가 아버지 안에 거하고 아버지께서 내 안에 계심을 믿으라 그렇지 못하겠거든 행하는 그 일로 말미암아 나를 믿으라 (요한복음 14:11)

잃어버린 하나,
그 하나의 소중함

많은 것 속에서도 하나를 잃는 아픔은 깊다. 그러나 잃어
버린 것을 찾는 순간의 기쁨은 그 무엇과도 비교할 수 없
다. 다수 속에 묻혀 버린 작은 존재도 결코 무의미하지 않
다. 한 마리의 가치는 전체 속에서 사라지지 않는다. 찾고
자 하는 마음이야말로 진정한 기쁨을 완성한다.

♛

너희 생각에는 어떠하냐 만일 어떤 사람이 양 백 마리가
있는데 그 중의 하나가 길을 잃었으면 그 아흔아홉 마리
를 산에 두고 가서 길 잃은 양을 찾지 않겠느냐 (마태복음
18:12)

어둠 속에서
헤맬 필요는 없다

어둠 속에서 걷는 것은 위험하다. 눈앞의 길이 보이지 않기에, 옳다고 믿으며 선택한 방향이 결국 파멸로 이끄는 경우가 많다. 어둠 속에서는 옳고 그름의 기준마저 흐려지기 쉽다. 하지만 당신은 맹목적으로 비틀거릴 필요가 없다. 당신은 빛을 따라갈 수 있다.

삶의 진정한 가치를 보고 분별하기 위해서는 빛을 따르는 법을 배워야 한다. 그 빛은 당신의 마음을 밝히고 길을 보여 준다. 단, 그 빛은 당신이 진리를 듣고 그것에 순종할 때만 온전히 비춰진다. 진실에 귀 기울이고 약속을 믿으며 행동하라.

♛

예수께서 또 말씀하여 이르시되 나는 세상의 빛이니 나를 따르는 자는 어둠에 다니지 아니하고 생명의 빛을 얻으리라 (요한복음 8:12)

진리로 구별된
삶의 가치

삶이 더 큰 의미와 목적을 가지려면 구별되어야 한다. 당신이 진리를 묵상하고 받아들일 때, 그 진리는 당신의 태도와 행동을 변화시킨다.

이것은 단순히 도덕적 변화를 넘어, 당신의 삶을 하나님의 계획 속에서 특별히 쓰임받도록 준비시키는 과정이다. 죄를 용서받은 당신은 이제 더 높은 활용도를 위한 존재로 거듭난다.

매 순간, 진리가 당신을 인도하도록 허용하라. 당신은 단순히 살기 위해 존재하는 것이 아니라, 당신의 짧은 여정을 통해 세상과 영원에 영향을 미칠 수 있는 힘을 가진 존재다.

그들을 진리로 거룩하게 하옵소서 아버지의 말씀은 진리
니이다 아버지께서 나를 세상에 보내신 것 같이 나도 그
들을 세상에 보내었고 또 그들을 위하여 내가 나를 거룩
하게 하오니 이는 그들도 진리로 거룩함을 얻게 하려 함
이니이다 (요한복음 17:17–19)

진리로 가는
유일한 길

진실은 언제나 하나다. 길은 분명하고, 희망은 단순하다.
삶은 그 길을 따라가고, 진리를 마주하며, 진정한 의미를
깨닫는 과정이다. 당신이 찾는 모든 답은 이미 당신 앞에
놓여 있다.

세상의 유혹과 혼란 속에서 무수한 길과 해답이 제시된
다. 그러나 그것들은 쉽게 흔들리고 무너지기 마련이다.
당신이 찾는 진정한 평화와 자유는 단 한 가지 길, 단 한
가지 진리에서 나온다. 그것은 자신을 속이지 않는 삶, 내
면의 고요 속에서 발견되는 진실의 힘이다.

모든 복잡한 질문의 답은 결국 단순하다. 길은 하나이며,
그 길을 걷는 당신의 믿음이 모든 것을 결정한다.

♛

예수께서 이르시되 내가 곧 길이요 진리요 생명이니 나로 말미암지 않고는 아버지께로 올 자가 없느니라 (요한복음 14:6)

이해 없는 마음은
잃어버리기 쉽다

진리의 메시지는 분명하고 변하지 않는다. 그것은 삶의 본질, 의로움, 그리고 사랑에 대한 초대다.

길가에 뿌려진 씨앗은 단단한 토양 위에 떨어진다. 메시지가 거기에 닿아도 자리 잡지 못하고 사라진다. 마음이 진리를 받아들일 준비가 되어 있지 않으면, 일시적인 갈망과 자기중심적인 욕망이 이를 방해한다. 진리를 이해하지 못하면 순간적인 것에 눈이 멀어 영원한 것을 놓치게 된다.

진리는 당신을 자유롭게 하고, 지속적인 빛으로 삶을 인도한다.

♛

아무나 천국 말씀을 듣고 깨닫지 못할 때는 악한 자가 와
서 그 마음에 뿌려진 것을 빼앗나니 이는 곧 길 가에 뿌리
운 자요 (마태복음 13:19)

눈으로 들어오는 빛,
마음을 지키는 시작

눈은 마음으로 들어가는 창문과 같다. 당신이 바라보는
것이 당신의 마음에 흘러들어 영향을 미친다. 마음에서
행동이 나오기 때문에, 눈을 통해 들어오는 것을 관리하
는 것은 곧 마음을 지키는 일이다. 만약 당신이 어두운 세
상의 영향을 반영하는 것을 바라본다면, 그 어둠은 당신
의 생각과 감정, 행동을 지배하기 시작한다.

이 어둠은 삶의 기쁨을 빼앗고 인간관계를 파괴하며, 더
나아가 당신이 지닌 선한 영향력을 무너뜨릴 수 있다. 무
엇보다도, 그것은 진리와의 친밀함을 방해한다. 당신의
마음은 소중하다. 어둠에 휘둘리지 않으려면 내면을 진리
의 빛으로 채우는 것이 필요하다.

눈은 몸의 등불이니 그러므로 네 눈이 성하면 온 몸이 밝을 것이요 눈이 나쁘면 온 몸이 어두울 것이니 그러므로 네게 있는 빛이 어두우면 그 어둠이 얼마나 더 하겠느냐

(마태복음 6:22-23)

자신을 잃어야
진정으로 찾을 수 있다

삶을 보존하려는 본능은 자연스럽지만, 그것이 목적이 될 때 진정한 의미를 잃는다. 자신의 욕망과 생활 방식을 집착적으로 붙잡으려는 사람은 결국 그것을 잃게 된다. 순간적인 이익과 욕망을 좇는 삶은 영원한 가치를 놓치는 삶이다.

자신의 길이 아닌 더 큰 목적을 위해 삶을 내어놓는 것은, 단순히 죽음을 의미하지 않는다. 그것은 자신의 욕망과 우선순위를 내려놓고 더 높은 목적과 진리를 선택하는 것과 같다.

자기 자신을 중심에 두는 삶은 한계와 공허함을 가져온다. 반대로 자신의 삶을 기꺼이 내려놓고 더 큰 사랑과 진리를 따를 때, 당신은 잃는 것이 아니라 온전한 삶을 찾게 된다. 삶의 중심을 바꾸면 비로소 당신은 생명을 얻는다.

누구든지 제 목숨을 구원하고자 하면 잃을 것이요 누구든지 나를 위하여 제 목숨을 잃으면 구원하리라 (누가복음 9:24)

주는 것의
참된 의미

돌려받으려는 기대가 있는 나눔은 진정한 나눔이 아니다. 많은 이들이 자신의 자원을 보상과 거래의 도구로 사용하지만, 진정한 베풂은 보답을 기대하지 않는다. 주는 행위는 마음의 상태를 반영하며, 그 자체로 선이 되어야 한다.

당신이 가진 것은 단지 소유가 아니라 맡겨진 것이다. 삶의 자원은 자신의 욕망을 충족시키는 데 국한되지 않는다. 그것은 다른 이들의 필요를 채우고, 세상에 선한 흔적을 남기기 위해 존재한다. 돈과 재물은 당신이 관리하는 도구일 뿐이며, 그 목적은 섬김과 나눔에 있다.

성령의 이끄심에 따라 베푸는 삶을 살아라. 당신의 나눔은 상대가 아닌, 본질적으로 더 높은 목적을 향하고 있다.

참된 나눔은 보상을 초월하며, 그 과정에서 당신은 가장 큰 선물을 얻게 된다.

♛

너희가 받기를 바라고 사람들에게 꾸어 주면 칭찬 받을 것이 무엇이냐 죄인들도 그만큼 받고자 하여 죄인에게 꾸어 주느니라 (누가복음 6:34)

의심을 씻는
믿음의 길

삶에서 의심과 불안을 피할 수 없는 순간이 찾아온다. 이는 단순히 외부의 상황 때문이 아니라, 내면의 확신과 신뢰가 흔들릴 때 더욱 깊어진다. 그러나 의심은 영원히 머무는 손님이 아니다. 그것은 오히려 믿음이 성장할 기회를 제공하는 신호이자 내면의 균형을 되찾으라는 조용한 경고다.

초기의 제자들조차 부활의 기적 앞에서조차 의심했다. 그들의 마음은 여전히 불안했지만, 변화는 성령의 깨우침에서 시작되었다. 말씀을 되새기고 그것에 따라 행동했을 때, 그들은 의심에서 벗어나 강한 믿음 안에서 살아갈 수 있었다.

두려움이 마음을 덮칠 때마다 그것은 당신이 믿음의 근원을 다시 돌아볼 때임을 기억하라. 믿음은 단순히 머리로 이해하는 것이 아니라, 삶으로 증명하고 마음으로 채워가는 여정이다.

☗

예수께서 즉시 손을 내밀어 그를 붙잡으시며 이르시되 믿음이 작은 자여 왜 의심하였느냐 하시고 (마태복음 14:31)

겸손한 마음에
드러나는 진리

많은 이들이 표면적으로는 진리를 찾고자 하지만, 오만과 자기 확신이 그 길을 가로막는다. 기적이 눈앞에 펼쳐져도 그것의 깊은 의미를 깨닫지 못하는 이유는 마음이 이미 닫혀 있기 때문이다. 겸손과 순수한 호기심이 없다면 진리는 보이지 않는다.

지혜롭다 여겨지는 자들, 배움에 자만한 자들은 종종 단순한 진리 앞에서 넘어지지만, 마음이 열린 자들, 특히 아이와 같은 단순한 믿음을 가진 이들은 진리의 빛을 본다. 진리는 논리적 설득이 아니라 마음의 자세로부터 이해된다.

당신이 삶에서 진리를 찾고자 한다면, 먼저 마음을 낮추어야 한다. 겸손이야말로 모든 지혜의 문을 여는 열쇠다. 세상은 종종 지식으로 가득 차 있으나, 참된 깨달음은 겸손한 마음에서 싹튼다.

♛

그 때에 예수께서 대답하여 이르시되 천지의 주재이신 아버지여 이것을 지혜롭고 슬기 있는 자들에게는 숨기시고 어린 아이들에게는 나타내심을 감사하나이다 (마태복음 11:25)

진정한 희생이란
무엇인가

어떤 것을 내려놓고 더 큰 것을 얻는다면 그것은 정말로
희생일까? 많은 이들이 '권리'라고 여기는 것들을 내려놓
는 일이 고통스럽게 느껴질 수 있다. 소유, 사랑, 인간관
계, 명예, 시간에 대한 집착은 내려놓기 어려운 짐처럼 보
인다. 하지만 진정한 희생은 현재의 것을 포기하는 데 있
는 것이 아니라, 영원히 지속될 더 큰 것을 얻는 선택에
있다.

삶은 순간이지만 영원은 무한하다. 순간의 손실은 영원의
가치와 비교할 때 희생이 아니라 투자다. 어떤 고통과 시
련도 시간이 지나면 희미해지지만, 영원한 가치는 결코
사라지지 않는다. 당신이 지금 내려놓는 것들은 결코 사
라지지 않는다.

이르시되 내가 진실로 너희에게 이르노니 하나님의 나라
를 위하여 집이나 아내나 형제나 부모나 자녀를 버린 자
는 현세에 여러 배를 받고 내세에 영생을 받지 못할 자가
없느니라 하시니라 (누가복음 18:29–30)

채워지지 않는
공허함의 해답

많은 사람들이 아무리 많은 것을 얻어도 결코 채워지지 않는 공허함을 안고 살아간다. 돈, 권력, 명예, 쾌락, 그리고 다른 사람들의 인정으로 그 공허함을 메우려 하지만, 그 모든 것은 결국 더 깊은 공허함만 남긴다. 육체로부터 오는 것은 그저 순간적인 위로일 뿐, 아무 유익도 가져다 주지 않는다. 공허함을 느끼는 이유는 단순하다. 진정한 생명은 영에서만 오기 때문이다.

그 공허함을 채우고 싶다면, 세상의 것들을 내려놓고 영적인 길로 나아가라. 생명을 주는 것은 영이고, 육은 결코 그 일을 할 수 없다. 내 말은 영이고 생명이다. 공허함을 느낄 때마다 세상의 헛된 말이나 방법에 기대지 말고 내 말로 돌아오라.

그러나 너희 중에 믿지 아니하는 자들이 있느니라 하시니

이는 예수께서 믿지 아니하는 자들이 누구며 자기를 팔

자가 누군지 처음부터 아심이러라 (요한복음 6:64)

지금 이 순간에
충실하라

당신은 하늘의 자녀이자 위대한 사명을 맡은 이다. 만약 당신이 내가 곧 돌아올 것을 안다면, 얼마나 부지런히 내 뜻을 따르겠는가? 당신은 내 말씀에 몰두하고, 모든 행동에 신중하며, 시간을 허투루 쓰지 않도록 하라. 나의 재림의 날과 시간은 누구도 알 수 없다. 그렇기에 당신의 임무는 하루하루를 준비된 마음으로 살아가도록 하라.

자신의 일상에서 내 뜻을 따르고, 사랑을 행동으로 옮겨라. 당신의 삶에서 방해가 되는 모든 것을 내려놓고, 진정으로 빛을 발하도록 하라. 나를 향한 사랑은 말이 아니라 행동으로 드러난다. 지금 이 순간, 당신의 부지런함과 헌신이 내가 언제 돌아오더라도 당신을 준비된 상태로 만든다는 점이다.

만일 그 종이 마음에 생각하기를 주인이 더디 오리라 하
여 남녀 종들을 때리며 먹고 마시고 취하게 되면 생각하
지 않은 날 알지 못하는 시각에 그 종의 주인이 이르러 엄
히 때리고 신실하지 아니한 자의 받는 벌에 처하리니 (누가
복음 12:45–46)

진정한 가치는
마음에 있다

사람들이 보는 것은 외적인 크기와 화려함이지만, 진정으로 중요한 것은 마음속 깊은 곳에서 우러나오는 의지다. 성전에서 수많은 부자들이 자신의 잉여를 자랑하듯 헌금함에 넣을 때, 한 가난한 과부는 동전 두 닢을 드렸다. 다른 이들에게는 하찮아 보였을지 몰라도, 그것은 그녀가 가진 전부였다. 그녀의 헌금은 액수가 아닌 헌신으로 평가되었다.

하나님은 겉모습보다 마음을 보신다. 부자들의 헌금은 단순한 잉여였다. 하지만 과부의 헌금은 그녀의 사랑과 신뢰, 그리고 모든 것을 바치는 용기였다. 하나님이 기뻐하시는 것은 그 크기가 아니라 진심이다. 삶에서 당신이 가진 것을 나눌 때, 가난한 과부를 기억하라. 그녀의 작은 동전 두 닢은 믿음의 위대한 선언이었고, 사랑의 깊은 표현이었다.

이르시되 내가 참으로 너희에게 말하노니 이 가난한 과
부가 다른 모든 사람보다 많이 넣었도다 저들은 그 풍족
한 중에서 헌금을 넣었거니와 이 과부는 그 가난한 중에
서 자기가 가지고 있는 바 생활비 전부를 넣었느니라 하
시니라 (누가복음 21:3–4)

받은 만큼
흐르게 하라

당신이 받은 축복을 떠올려 보라. 당신은 진리의 빛을 보고, 복음을 듣고, 영생이라는 선물을 얻었다. 당신은 어둠에서 벗어나 새로운 생명을 누리고 있다. 당신은 내 말씀을 이해하며 삶에 적용할 수 있는 기회를 받았다. 하지만 이 모든 것은 당신만을 위해 주어진 것이 아니다.

당신에게 부어진 축복은 흘러가야 한다. 당신은 축복을 저장하는 그릇이 아니라, 그 축복이 다른 사람들에게 닿을 수 있도록 하는 통로로 부름 받았다. 사랑, 자비, 은혜가 당신을 통해 다른 이들에게 퍼져 나가는 기쁨을 상상해 보라. 받은 만큼 흘려보내라. 당신의 우물은 마르지 않는다.

알지 못하고 맞을 일을 행한 종은 적게 맞으리라 무릇 많이 받은 자에게는 많이 요구할 것이요 많이 맡은 자에게는 많이 달라 할 것이니라 (누가복음 12:48)

진실이 빚는
자유의 빛

진실을 감추려는 노력은 고립과 두려움을 키운다. 그러나 진실은 고백될 때 치유가 되고, 드러날 때 자유가 된다. 사마리아 여인은 자신의 과거를 드러내며 두려움에서 해방되었다.

진실은 상처처럼 아프지만, 그 상처는 새살이 돋는 시작이 된다. 숨김은 스스로를 속이는 족쇄일 뿐이며, 이를 내려놓을 때 세상과의 화해가 시작된다. 진실을 밝힐 용기를 가진 자만이 두려움 없는 삶을 살아갈 수 있다.

♛

이르시되 가서 네 남편을 불러 오라 (요한복음 4:16)

멈춰 서는 용기가
세상을 바꾼다

진정한 자비는 보이지 않는 고통을 보고 지나치지 않는데서 시작된다. 이름 없는 손길이야말로 세상을 치유하는가장 위대한 도구다. 멈춰 서서 돕는 일이야말로 삶의 진정한 본질이다. 의미 있는 행동은 지나가는 길목에서 발견된다.

👑

어떤 율법사가 일어나 예수를 시험하여 이르되 선생님 내가 무엇을 하여야 영생을 얻으리이까 예수께서 이르시되 율법에 무엇이라 기록되었으며 네가 어떻게 읽느냐 대답하여 이르되 네 마음을 다하며 목숨을 다하며 힘을 다하며 뜻을 다하여 주 너의 하나님을 사랑하고 또한 네 이웃을 네 자신 같이 사랑하라 하였나이다 (누가복음 10:25-27)

잃어버린 길 끝에서
다시 찾는 자신

길을 잃는 것은 끝이 아니다. 후회와 슬픔은 새로운 길로 돌아가는 첫걸음이다. 삶은 언제나 돌아올 기회를 주며, 가장 큰 환영은 실패를 받아들이는 순간 시작된다. 자신을 다시 찾는 여정은 진정한 회복의 시작이다.

♛

내가 너희에게 이르노니 이와 같이 죄인 한 사람이 회개하면 하나님의 사자들 앞에 기쁨이 되느니라 (누가복음 15:10)

진실은
침묵 속에 갇히지 않는다

숨기는 것은 어둠 속의 불안, 진실을 가두는 조용한 사슬이다. 그러나 진실은 침묵을 뚫고 빛으로 나아가려 한다. 스스로를 드러내는 자는 더 이상 두려움의 그림자에 묶이지 않는다. 드러남은 짐을 내려놓는 해방이며, 빛 속에서의 평온이다. 진실을 직면하는 자에게 두려움은 발 디딜 곳이 없다.

그런즉 그들을 두려워하지 말라 감추인 것이 드러나지 않을 것이 없고 숨은 것이 알려지지 않을 것이 없느니라

(마태복음 10:26)

진실은
지붕 위에서 노래한다

진실은 흙 속에 묻어둔 씨앗처럼 언젠가 싹을 틔운다. 어둠 속에서 속삭인 말들은 바람을 타고 밝은 하늘로 퍼져 나간다. 진실을 숨기는 자는 자신의 무게에 눌리지만, 드러내는 자는 두려움에서 벗어나 자유를 얻는다. 침묵의 골방에서 귀에 대고 한 말조차 언젠가는 지붕 위에서 울려 퍼지게 된다. 진실은 결국 빛의 언어로 세상을 가득 채운다.

♛

감추인 것이 드러나지 않을 것이 없고 숨긴 것이 알려지지 않을 것이 없나니 이러므로 너희가 어두운 데서 말한 모든 것이 광명한 데서 들리고 너희가 골방에서 귀에 대고 말한 것이 지붕 위에서 전파되리라 (누가복음 12:2–3)

슬픔,
새로운 시작의 씨앗

슬픔은 삶의 한계가 아니라, 회복의 씨앗이다. 인간은 고통 속에서 자신을 가장 깊이 이해하며, 어둠의 늪에서 새로운 빛을 발견한다. 후회와 눈물은 심판의 끝이 아니라, 은혜의 문을 여는 열쇠다.

♛

애통하는 자는 복이 있나니 그들이 위로를 받을 것이요

(마태복음 5:3–4)

낮아진 자가
높아지는 법

자신을 높이려는 마음은 타인의 인정과 자신의 약점을 숨기려는 욕망에서 비롯된다. 그러나 진실로 낮아진 자는 자신의 결핍과 죄를 인정함으로써 자유를 얻는다. 진실을 고백한 세리는 낮아졌으나, 그 낮음 속에 담긴 겸손과 용기가 그를 의로움으로 이끌었다. 높아지고자 애쓰는 가식은 불안의 무게를 더하지만, 스스로를 낮추는 진실은 온전히 홀가분한 상승을 허락한다.

♛

내가 너희에게 이르노니 이에 저 바리새인이 아니고 이 사람이 의롭다 하심을 받고 그의 집으로 내려갔느니라 무릇 자기를 높이는 자는 낮아지고 자기를 낮추는 자는 높아지리라 하시니라 (누가복음 18:14)

분노는
마음의 불씨다

분노는 단순한 감정이 아니다. 그것은 행동 이전의 불씨로, 마음을 먼저 갉아먹는다. 작은 불씨라도 방치하면 숲을 태우듯, 분노는 자신과 주변을 서서히 파괴한다. 내면의 분노를 무시하지 말라. 그것은 행동의 불길이 되기 전에 다스려야 한다.

평화는 억누름이 아니라, 분노를 내려놓음에서 시작된다. 마음의 평화를 가질 때, 삶은 화염 대신 온화한 빛으로 채워진다.

♛

나는 너희에게 이르노니 형제에게 노하는 자마다 심판을 받게 되고 형제를 대하여 라가라 하는 자는 공회에 잡혀가게 되고 미련한 놈이라 하는 자는 지옥 불에 들어가게 되리라 (마태복음 5:22)

기억을 깨우는
영의 속삭임

진정한 깨달음은 배운 것을 기억하는 순간 이루어진다.
당신이 들었던 진리의 속삭임은, 필요할 때 가장 정확히
떠오른다. 그러나 기억은 비워진 마음에 머물지 않는다.
끊임없이 진리를 묵상하고 받아들일 때, 당신의 내면은
선택과 행동의 지혜로 채워진다.

진리는 당신이 준비된 만큼 되살아난다. 듣고, 되새기고,
살아가는 그 과정을 놓치지 말라.

♛

너희가 나를 사랑하면 나의 계명을 지키리라 내가 아버
지께 구하겠으니 그가 또 다른 보혜사를 너희에게 주사
영원토록 너희와 함께 있게 하리니 (요한복음 14:15–16)

8장

제자도를
말하다

근심을 놓고
신뢰로 채우라

제자들은 내가 행한 기적을 두 눈으로 보았다. 폭풍을 잠재우고, 병자를 낫게 하고, 죽은 자를 살리는 장면을 직접 목격했음에도 그들의 마음은 여전히 근심과 두려움으로 가득 찼다. 그들의 불신은 내가 그들을 사랑하는 것을 멈추게 하지는 못했지만, 그들이 나와 아버지의 평화와 힘을 온전히 경험하지 못하게 했다.

당신도 비슷하지 않은가? 걱정과 스트레스에 빠질 때, 당신은 나와 아버지를 신뢰하기를 거부할 수 있다. 당신은 내 말을 따르지 않고, 불신의 벽 뒤에서 나를 바라본다. 하지만 내가 약속하건대, 당신이 나의 가르침에 귀 기울이고 그것을 삶에 적용하기 시작하면 어느새 신뢰가 생겨나고 신뢰는 믿음이 된다.

♛

너희는 마음에 근심하지 말라 하나님을 믿으니 또 나를
믿으라 (요한복음 14:1)

나는
당신의 목자다

당신은 영원한 목적을 위해 부름 받았다. 그러나 과거에 얽매이면 현재의 부름을 따르지 못한다. 몇 분 전의 일이나 몇 년 전의 일이든, 과거에 머무르는 것은 우리의 친밀한 교제를 방해하고 당신이 지금 해야 할 일에서 시선을 돌리게 만든다. 뒤를 돌아보는 것은 자연스럽지만, 그것이 당신의 영혼에 무익하다는 것을 기억하라.

나는 당신이 상처받은 기억에 발목을 잡히지 않기를 바란다. 과거의 아픔이 당신을 속박하려 할 때, 내가 십자가 위에서 당신을 용서했던 마음을 떠올리며 아버지께 당신을 다치게 한 이들을 용서하도록 기도하라. 그런 다음, 당신의 시선을 현재로 돌려라.

나는 당신의 목자다. 당신은 내 사랑하는 어린양이다. 내 목소리에 귀 기울이고 앞으로 나아가라.

♛

예수께서 이르시되 손에 쟁기를 잡고 뒤를 돌아보는 자
는 하나님의 나라에 합당하지 아니하니라 하시니라 (누가
복음 9:62)

빛을
비추는 삶

당신은 단순히 자신의 삶을 위해 부름 받은 것이 아니다. 당신은 진리를 전하는 증인으로 선택되었다. 당신이 아는 진리와 경험한 변화를 세상과 나누어라. 당신의 삶에서 빛나는 사랑과 용서, 평화, 인내의 이유를 사람들이 궁금해할 때, 주저하지 말고 당신이 붙잡고 있는 진리를 전하라.

진실은 말하지 않으면 전해지지 않는다. 세상이 진리를 알기 위해 당신의 목소리를 필요로 한다. 당신의 선한 행동이 다른 이들의 마음을 비추는 등불이 되게 하라. 그리고 당신이 전하는 말은 단순한 말 이상으로, 당신의 삶과 태도를 통해 살아 움직이는 진리가 되어야 한다.

누구든지 사람 앞에서 나를 시인하면 나도 하늘에 계신 내 아버지 앞에서 그를 시인할 것이요 누구든지 사람 앞에서 나를 부인하면 나도 하늘에 계신 내 아버지 앞에서 그를 부인하리라 (마태복음 10:32–33)

제자로서의 부름,
그리고 더 큰 소명

당신이 진리를 알고, 그 진리를 삶 속에서 실천할 때, 비로소 당신은 진정한 제자가 된다. 진리는 당신을 억누르지 않는다. 오히려 당신을 해방시키고, 세상의 속박에서 벗어나게 한다.

제자의 삶은 단지 자기 성장으로 끝나지 않는다. 당신은 다른 사람들에게 진리를 전하고, 그들이 삶 속에서 실천할 수 있도록 도울 책임이 있다. 가족, 친구, 그리고 아직 만나지 않은 모든 이들이 그 대상이다. 당신은 말과 행동으로 그들에게 진리를 보여 주도록 하라.

진리를 따르는 길은 단순하지 않지만, 그 길을 통해 아버지의 뜻이 당신의 삶을 통해 드러난다. 당신은 그 뜻을 행하며 세상에 빛을 비출 수 있다.

그러므로 너희는 가서 모든 민족을 제자로 삼아 아버지
와 아들과 성령의 이름으로 세례를 베풀고 내가 너희에
게 분부한 모든 것을 가르쳐 지키게 하라 볼지어다 내가
세상 끝날까지 너희와 항상 함께 있으리라 하시니라 (마태
복음 28:19–20)

143

사랑이
남기는 흔적

당신이 제자인지 나타내는 것은 외형이나 말이 아니다.
제자의 진정한 표시는 그들의 삶에서 드러나는 사랑과 변
화다. 제자는 말씀을 갈망하고 그 말씀에 순종하며, 용서
할 수 없는 사람을 용서하고, 성령의 열매를 맺는다. 그들
은 사랑할 수 없는 사람들에게도 무조건적인 사랑을 보여
준다.

사랑으로 서로를 대하는 것이 쉽지 않을 때도 있다. 그러
나 당신이 말씀에 순종하고 진리를 받아들일수록, 당신의
내면에서 사랑이 넘쳐흐르는 것을 경험할 수 있다. 아버
지와의 친밀감이 깊어질수록, 그 사랑은 당신의 주변으로
자연스럽게 흘러가게 된다.

새 계명을 너희에게 주노니 서로 사랑하라 내가 너희를
사랑한 것 같이 너희도 서로 사랑하라 너희가 서로 사랑
하면 이로써 모든 사람이 너희가 내 제자인 줄 알리라 (요
한복음 13:34–35)

진리가
당신을 자유롭게 하리라

말씀은 당신의 내면을 비추는 거울이다. 그것은 무엇이 진정으로 가치 있는지, 무엇이 덜 중요한지 구분할 수 있는 기준을 제시한다. 말씀 속에서 당신은 죄의 속박에서 벗어날 힘을 얻게 된다. 비록 완전함에 이르지 못할지라도, 죄의 무게를 덜어내고, 더 큰 자유를 경험할 수 있다. 당신의 마음과 생각은 말씀이 비추는 빛으로 끊임없이 새로워진다.

말씀 속에 머무르는 것은 단순한 학습이 아니다. 그것은 당신을 진정한 제자로 변화시키는 과정이다. 이 여정을 통해 당신은 진정한 자유를 발견할 것이고, 그 자유는 단순히 행동의 제약을 벗어난 것이 아니라 내면의 평화와 삶의 방향성을 찾게 하고 너를 자유롭게 하리라.

♕

그러므로 예수께서 자기를 믿은 유대인들에게 이르시되 너희가 내 말에 거하면 참으로 내 제자가 되고 진리를 알지니 진리가 너희를 자유롭게 하리라 (요한복음 8:31–32)

모래 위에
집을 짓지 마라

거짓된 교사는 자신을 나의 추종자라 주장하며 많은 사람을 혼란에 빠뜨린다. 그들의 말과 행동이 진정으로 나를 따르는 사람인지 판별하려면, 그들이 내 가르침을 듣고 행하는지 주의 깊게 살펴보아야 한다. 나의 진정한 추종자는 완벽하지 않지만, 내 말씀을 갈망하며 그것을 따르기 위해 노력한다. 반면, 내 말을 듣고도 행하지 않는 자는 삶의 기초를 모래 위에 세운 사람과 같다.

모래 위에 세워진 집은 폭풍에 견디지 못하고 무너진다. 마찬가지로, 나의 말씀과 동떨어진 삶은 필연적으로 흔들리고 무너지게 된다. 다른 사람들이 나의 이름을 내걸고 세상의 방식으로 살아가는 모습을 볼 때, 그들의 삶이 나의 진리를 따르지 않음을 깨달아야 한다.

나의 이 말을 듣고 행하지 아니하는 자는 그 집을 모래
위에 지은 어리석은 사람 같으리니 비가 내리고 창수가
나고 바람이 불어 그 집에 부딪치매 무너져 그 무너짐이
심하니라 (마태복음 7:26-27)

성령의
이끄심에 길을 맡기다

어떤 상황에서도 어떻게 대응할지 결정해야 하는 순간이
온다. 그 순간, 아버지의 뜻을 어떻게 알 수 있을까? 어떤
경우에는 여러 선택이 아버지께 영광을 돌릴 수 있다. 반
면, 단 하나의 길만이 그분의 뜻과 일치하는 경우도 있다.
그 선택을 올바르게 하기 위해 필요한 것은 성령의 섬김
이다.

당신이 내 말을 마음에 간직할 때, 성령은 그 말씀을 필요
할 때마다 떠오르게 한다. 그 말씀은 상황에 따라 길을 보
여 주고, 아버지의 뜻에 순종할 수 있는 힘을 은혜로 제공
한다. 믿음으로 행동하고, 순종하는 한걸음을 내딛는 순
간, 당신은 아버지의 뜻의 중심에 서 있는 자신을 발견하
게 된다.

보혜사 곧 아버지께서 내 이름으로 보내실 성령 그가 너희에게 모든 것을 가르치고 내가 너희에게 말한 모든 것을 생각나게 하리라 (요한복음 14:26)

147

영원한
인도를 약속하는 목자

어떤 목자는 자신의 이익만을 위해 양을 돌보고, 어떤 목
자는 진심으로 양을 돌보려 하지만 한계가 있다. 그들은
다가오는 위험을 온전히 예측하지 못한다. 그러나 진정한
목자는 다르다. 진정한 목자는 양을 위해 자신의 생명을
내어줄 만큼 헌신적이다. 그는 양들을 영원한 안전으로
인도하며, 아무도 그의 손에서 양을 빼앗을 수 없다.

당신이 따를 목자는 단순한 보호자가 아니다. 그는 당신
을 이 땅의 위험에서 지킬 뿐만 아니라 영원한 삶으로 안
내한다. 이 땅에서의 시간은 그가 준비한 더 크고 영원한
여정의 서문일 뿐이다. 그의 목소리를 듣고 따르는 양만
이 진정한 평화와 보호를 누릴 수 있다. 오늘 그의 부름에
귀를 기울이고 그가 인도하는 길을 따르라.

♕

내가 그들에게 영생을 주노니 영원히 멸망하지 아니할 것
이요 또 그들을 내 손에서 빼앗을 자가 없느니라 (요한복음
10:28)

진정한
양을 구별하는 기준

많은 이들이 자신을 양이라 주장하지만, 진정한 양과 그
렇지 않은 이들을 구분하는 기준은 분명하다. 진정한 양
은 목자의 목소리를 듣고 그를 따른다. 그들의 삶은 변화
했고, 과거에는 자신의 욕망과 방식을 따랐다면, 이제는
목자의 말씀에 귀를 기울이고 그에 순종한다. 그들은 단
순히 이름만 아는 관계를 넘어, 목자와 깊은 친밀감을 나
눈다.

당신이 목자의 양인지 확인하려면 자신의 삶을 돌아보라.
당신이 그의 말씀을 사랑하고 그를 따르고 있다면, 당신
은 그와 더욱 가까워진다. 목자의 음성을 듣고 그의 길을
따라가라.

♛

나는 선한 목자라 나는 내 양을 알고 양도 나를 아는 것
이 아버지께서 나를 아시고 내가 아버지를 아는 것 같으
니 나는 양을 위하여 목숨을 버리노라 (요한복음 10:14–15)

한계는
믿음의 출발점이다

제자들은 배고픈 무리를 보며 불가능하다고 생각했다. 빵 다섯 개와 물고기 두 마리뿐인 상황에서, 그들은 자신의 부족함만을 바라보았다. 그러나 내가 그들에게 사람들을 먹이라고 하자, 그들은 처음에는 의심했지만 결국 내 말에 순종했다. 군중을 오십 명씩 나누어 앉게 하라는 내 지시에 따라 행동했을 때, 그들은 자신들이 상상하지 못한 기적을 목격했다.

당신도 자신의 자원과 능력만 바라보고 불가능하다고 여기는 순간이 많았다. 그러나 내 말을 믿고, 당신이 할 수 있는 단순한 순종의 행동을 시작해 보라. 믿음의 걸음을 내딛는 그 순간, 불가능해 보였던 일이 새로운 가능성으로 바뀔 수 있다.

예수께서 이르시되 너희가 먹을 것을 주라 하시니 여짜 오되 우리에게 떡 다섯 개와 물고기 두 마리밖에 없으니 이 모든 사람을 위하여 먹을 것을 사지 아니하고서는 할 수 없사옵나이다 하니 이는 남자가 한 오천 명 됨이러라 제자들에게 이르시되 떼를 지어 한 오십 명씩 앉히라 하 시니 (누가복음 9:13–14)

가식은
가면일 뿐이다

스스로 의롭다고 믿으며 다른 사람을 정죄하는 것은 어리석은 가면일 뿐이다. 바리새인들은 사람들의 칭찬을 갈망하며 겉모습을 꾸미는 데 열중했지만, 그들의 마음은 욕망과 교만으로 가득 차 있었다. 사람들의 눈에는 가치 있어 보이는 모든 것이 실제로는 하나님 앞에서 아무런 의미가 없었다. 오히려 죄를 인정하고 겸손히 자비를 구하는 자가 용서받고 의로워졌다.

하나님은 외적인 위선이 아니라 마음의 진실함을 보신다. 자신이 완전하지 않음을 인정하는 자에게 은혜가 주어진다. 오늘 자신의 한계를 받아들이고 진정한 겸손으로 자신을 돌아보라. 사람들의 인정과 칭찬은 금세 사라지지만, 하나님께서 주시는 은혜는 영원하다. 하나님 앞에서 가식의 가면을 벗고, 참된 자유와 용서를 경험하라.

예수께서 이르시되 너희는 사람 앞에서 스스로 옳다 하
는 자들이나 너희 마음을 하나님께서 아시나니 사람 중
에 높임을 받는 그것은 하나님 앞에 미움을 받는 것이니
라 (누가복음 16:15)

제자도의
진정한 의미

자기 십자가를 지고 따르라는 부름은 단순한 초대가 아니라 깊은 헌신의 요구다. 하지만 이 부름은 두려워할 것이 아니다. 당신은 혼자가 아니다. 당신의 나약함을 아는 이가 이미 당신과 함께하며 그 길을 걸을 수 있도록 힘을 주고 있다.

제자도가 요구하는 것은 완전한 능력이 아니라 순종하는 마음이다. 세상에서의 기준으로 부족해 보이는 자도 그 길을 갈 수 있다. 앞을 보지 못하는 이는 내 영광을 전하고, 말을 하지 못하는 이는 사랑으로 행동하며, 약한 이는 기도로 세상을 움직인다. 당신이 가진 것이 무엇이든, 그것은 이미 충분하다.

내가 포도나무이고 당신이 가지다. 당신은 내 안에 거할 때 진정한 열매를 맺을 수 있다.

누구든지 자기 십자가를 지고 나를 따르지 않는 자도 능히 내 제자가 되지 못하리라 너희 중의 누가 망대를 세우고자 할진대 자기의 가진 것이 준공하기까지에 족할는지 먼저 앉아 그 비용을 계산하지 아니하겠느냐 (누가복음 14:27–28)

지금이
바로 시작할 때

어느 날 한 청년이 나를 따르겠다고 했지만, 그는 먼저 자신의 가업을 돌보고 아버지의 장례를 마친 후에야 나를 따르겠다고 했다. 그의 요청은 합리적으로 보였지만, 본질적으로는 근시안적이었다. 그는 영원한 가치를 간과하고 일시적인 필요를 우선시했다. 나와 함께하는 시간은 단순히 하루의 선택이 아니다. 그것은 영원에 영향을 미치는 결정이다.

일시적인 문제에 묶여 나를 따르는 길을 미루지 마라. 삶은 빠르게 지나가며, 당신이 선택하는 모든 것은 당신의 영혼과 다른 사람들의 삶에 깊은 흔적을 남길 수 있다. 지금 이 순간이 바로 당신의 선택이 필요한 때다. 더 이상미루지 말고 당신의 삶을 영원한 가치를 향해 집중하라. 오늘, 그리고 매일 나를 따르라.

♔

예수께서 이르시되 죽은 자들이 그들의 죽은 자들을 장
사하게 하고 너는 나를 따르라 하시니라 (마태복음 8:22)

9장

하나님 나라를 말하다

거짓의 왕좌를 무너뜨리고,
불꽃 속에서 새로워지다

세상의 탐욕과 폭력은 스스로를 권력으로 위장하지만, 그 것은 오직 심판의 불꽃 속에서 드러난다. 거짓은 영원하지 않으며, 빛 앞에서 그 껍질이 벗겨진다.

"탐욕은 한때의 왕좌를 차지할지라도, 정의는 결국 불꽃 속에서 춤춘다."

권력은 그 속에 죄악을 품을수록 불안정해지고, 진리의 불길이 오를 때 가장 먼저 무너진다.

"거짓은 그 뿌리가 약하다. 불꽃은 단지 그 약함을 드러낼 뿐이다."

세상의 구조는 탐욕과 폭력으로 세워졌으나, 그 기초는 공허하다. 진리가 닿는 순간, 그 공허함은 화염 속에 삼켜 진다.

거짓과 폭력은 심판의 불을 맞아 소멸되며, 새로운 질서가 혼돈 속에서 태어난다.

"심판은 단지 끝이 아니라, 새로운 시작이다."

이제 이 세상에 대한 심판이 이르렀으니 이 세상의 임금이 쫓겨나리라 (요한복음 12:31)

하늘에 새겨진
이름을 기억하라

제자들이 기적과 권능을 경험하며 돌아왔을 때, 그들은
자신이 행한 일에 흥분했다. 하지만 내가 그들에게 말한
것은 간단했다. 기적이나 권능에 기뻐하는 것이 아니라,
그들의 이름이 하늘에 기록된 것을 기뻐하라는 것이었다.
그 사실이야말로 진정한 기쁨의 이유였다.

당신의 상황이 아무리 어렵고 고통스럽더라도, 하늘에 기
록된 당신의 이름은 영원히 변하지 않는다. 이 세상의 시
련은 한순간의 고통에 불과하지만, 당신이 누릴 영원한
삶은 헤아릴 수 없는 기쁨이다. 상황에 흔들리지 말고, 당
신의 이름이 영원 속에 새겨져 있음을 기억하라. 매일 그
진리를 마음에 품고 기뻐하라. 그것이 진정한 기쁨의 비
밀이다.

그러나 귀신들이 너희에게 항복하는 것으로 기뻐하지 말고 너희 이름이 하늘에 기록된 것으로 기뻐하라 하시니라

(누가복음 10:20)

마음의
바다를 잔잔히

삶의 풍랑은 외부에서 오는 것이 아니다. 그것은 내면에서 솟구치는 두려움의 물결이다. 믿음 없는 마음은 작은 바람에도 배를 뒤집히게 한다. 그러나 폭풍 속에서도 평온을 선택할 용기가 있다면, 그 바다는 잠잠해진다. 세상의 바람은 막을 수 없지만, 당신의 내면 바다를 잔잔히 할 주권은 당신에게 있다. 두려움에 휘둘리지 말라. 당신의 고요함이 당신의 배를 항구로 이끈다는 사실을 명심하라.

그 사람들이 놀랍게 여겨 이르되 이이가 어떠한 사람이기에 바람과 바다도 순종하는가 하더라 (마태복음 8:27)

문간의 진실,
영원의 대가

부자의 식탁에는 넘쳐흐르는 잔이 있었으나, 그 잔의 끝은 문간의 빈 그릇과 연결되어 있었다. 풍요의 향연은 잠깐의 기쁨이었지만, 그것이 닿지 못한 곳에 심판의 불씨가 타올랐다.

재물은 쌓아올릴수록 좁은 길을 막는다. 사랑과 나눔은 그 길을 넓히는 다리와 같다.

♕

이르되 모세와 선지자들에게 듣지 아니하면 비록 죽은 자 가운데서 살아나는 자가 있을지라도 권함을 받지 아니하리라 하였다 하시니라 (누가복음 16:31)

길을 잃었어도
기다리는 사랑

당신이 실패하고 무너질 때조차도, 아버지는 당신을 비난하거나 멀리하지 않았다. 오히려 그분의 마음은 당신을 향한 연민과 사랑으로 가득 차 있었다. 당신이 아직 돌아오지도 않았을 때, 그분의 마음은 이미 용서와 환대로 가득 차 있었다. 그 사랑은 조건이 없다. 당신이 무엇을 하든, 얼마나 멀리 떨어져 있든, 그 사랑은 변하지 않는다.

삶에서 실수하고 방향을 잃었다고 느낄 때, 이 사랑을 기억하라. 당신이 돌아오기를 기다리는 품이 있다는 것을. 그리고 그 품에 돌아왔을 때, 당신은 가장 좋은 옷과 반지, 새로운 시작을 약속받는다.

이에 일어나서 아버지께로 돌아가니라 아직도 거리가 먼데 아버지가 그를 보고 측은히 여겨 달려가 목을 안고 입을 맞추니 아들이 이르되 아버지 내가 하늘과 아버지께 죄를 지었사오니 지금부터는 아버지의 아들이라 일컬음을 감당하지 못하겠나이다 하나 아버지는 종들에게 이르되 제일 좋은 옷을 내어다가 입히고 손에 가락지를 끼우고 발에 신을 신기라 (누가복음 15:20–22)

가시덩굴 속에
묻힌 진실

씨앗은 자라기를 갈망하지만, 가시덩굴의 포옹은 그 갈망을 가로막는다. 재물과 세상의 염려는 진리를 막아서는 벽이며, 그 벽은 스스로 지어진다.

"염려와 탐욕은 마음의 흙을 척박하게 만든다."

진리와 말씀이 우리의 삶 속에 뿌리를 내리려 해도, 그 유혹과 걱정이 깊게 자리 잡은 마음은 결실을 맺을 수 없다.

진실의 씨앗은 돌이켜 보기를 요구한다. 가시덩굴을 제거하라. 마음의 정원에서 자라는 것은 말씀이어야지, 탐욕이 아니다.

"열매를 원한다면, 땅을 갈아라."

♔

가시떨기에 뿌려졌다는 것은 말씀을 들으나 세상의 염려
와 재물의 유혹에 말씀이 막혀 결실하지 못하는 자요 (마태
복음 13:22)

나를 내려놓을 때
진정한 길이 열린다

당신의 삶은 더 이상 당신만을 위한 것이 아니다. 참된 제
자가 되는 길은 자신의 욕망과 권리를 내려놓는 데서 시
작된다. 당신이 매일 자신의 십자가를 지고 목적을 따라
나아갈 때, 진정한 자유와 기쁨이 발견된다. 포기한 권리
들은 사랑과 감사로 되돌아오며, 누구도 빼앗을 수 없는
평안으로 채워진다. 그러나 자신을 위해 십자가를 내려놓
는 순간, 슬픔과 불만이 다시 찾아온다. 길을 잃었다고 느
낄 때, 다시 돌아가 십자가를 지고 나아가라. 그곳에 당신
을 위한 가장 큰 사랑이 기다리고 있다.

♛

또 무리에게 이르시되 아무든지 나를 따라오려거든 자기
를 부인하고 날마다 제 십자가를 지고 나를 따를 것이니
라 (누가복음 9:23)

당신의 가치는
그 이상의 것이다

삶의 무게 속에서 자신이 실패자처럼 느껴질 때가 있다. 하지만 당신의 가치는 실수나 성과로 측정되지 않는다. 당신은 상상할 수 있는 것보다 더 소중하다. 당신이 완벽하거나 자격이 있어서가 아니라, 본질적으로 사랑받을 존재이기 때문이다. 사랑은 당신의 상태에 의해 좌우되지 않는다. 그것은 당신의 존재 자체에서 비롯된다.

당신에게 준 자비와 용서는 당신이 받은 가장 큰 증거다. 당신은 어떤 가치로도 평가할 수 없는 존재이며, 그 무엇도 당신의 본질적인 소중함을 바꿀 수 없다.

♛

나는 선한 목자라 선한 목자는 양들을 위하여 목숨을 버리거니와 (요한복음 10:11)

천국의 연회와 거래의 식탁

진정한 연회는 마음의 빚을 지우지 않는다. 보답을 기대하지 않는 자리에서만 행복은 순수하게 피어난다. 외로운 자와 가난한 자를 초대하라. 그곳은 천국의 환희가 흐르게 된다. 그러나 이익을 나누기 위한 자리라면, 식탁은 곧 거래의 장이 되고 마음은 흐려진다. 기쁨은 주고받는 계산 속에서 생기지 않는다. 순수한 초대가 천국을 연다.

♛

또 자기를 청한 자에게 이르시되 네가 점심이나 저녁이나 베풀거든 벗이나 형제나 친척이나 부한 이웃을 청하지 말라 두렵건대 그 사람들이 너를 도로 청하여 네게 갚음이 될까 하노라 (누가복음 14:12)

영생의 시작은
지금이다

영생은 미래에만 있는 것이 아니다. 그것은 지금, 당신이 참된 진리를 깨닫고 그것을 따라갈 때 시작된다. 영생이란 단순한 시간이 아니라 진정한 관계다.

당신의 하루가 다른 일들로 분주해도, 내 말씀과 함께 시간을 보내는 것이 가장 큰 영광과 만족을 가져올 수 있다. 내가 약속한다. 당신이 나를 더 깊이 알고 내 가르침을 따르기 시작할 때, 당신은 새로운 기쁨과 확신을 발견하게 된다. 당신은 내 안에서 살아가는 진정한 삶의 열매를 보게 될 것이다. 영생은 단순한 끝이 없는 시간이 아니라 나와 친밀히 연결된 삶이다. 그것을 지금 시작하라.

♕

영생은 곧 유일하신 참 하나님과 그가 보내신 자 예수 그리스도를 아는 것이니이다 (요한복음 17:3)

위대함은
순종에서 시작된다

위대함은 지능이나 나이, 지상의 성취로 결정되지 않는다. 진정한 위대함은 작은 명령 하나라도 마음에 새기고 그 뜻대로 사는 데 있다. 당신은 단순히 지식으로 가르치기보다 스스로 행하며 모범이 될 때, 하늘에서 큰 자로 불리게 된다.

하늘의 기준은 단순하다. "당신은 진심으로 믿고 따랐는가? 당신의 삶으로 가르쳤는가?" 명령을 경시하거나 가볍게 여기는 태도는 당신을 작게 만들지만, 진실로 행하고 가르치는 삶은 하늘의 영광에 참여하는 길을 열어준다. 과거는 중요하지 않다. 지금 당신의 선택이 미래를 결정한다. 작은 순종에서 시작해 하늘에서 위대한 자로 거듭나라.

그러므로 누구든지 이 계명 중의 지극히 작은 것 하나라
도 버리고 또 그같이 사람을 가르치는 자는 천국에서 지
극히 작다 일컬음을 받을 것이요 누구든지 이를 행하며
가르치는 자는 천국에서 크다 일컬음을 받으리라 (마태복음
5:19)

164

의로움은
겉치레가 아니다

사람들은 종종 외적인 종교적 행위로 의로움을 판단한다. 과거에도 바리새인과 율법 교사들이 그랬다. 그들은 모두가 볼 수 있는 종교적 의식을 행했지만, 정작 마음속에서는 위선, 탐욕, 교만, 시기, 미움, 질투, 부도덕으로 가득 차 있었다. 오늘날에도 종교 활동으로 삶을 채우는 것은 쉽다. 그러나 그 활동이 아무리 훌륭해도 마음이 진정한 의로움에서 멀어진다면 아무 의미가 없다.

진정한 의로움은 외적인 행동이 아니라 마음속에서 일어나는 일에 달려 있다. 당신이 다른 사람들에게 어떻게 보이는지 보다, 마음의 동기와 생각이 더 중요하다. 마음과 생각, 동기와 의도를 정화해야 한다.

♔

내가 너희에게 이르노니 너희 의가 서기관과 바리새인보다 더 낫지 못하면 결코 천국에 들어가지 못하리라. (마태복음 5:20)

마음속에 세워진
보이지 않는 왕국

사람들은 왕국을 외부에서 찾으려 하지만, 진정한 나라는 내면에서 시작된다. 그것은 땅 위에 건축된 것이 아니라, 마음속에 새겨진 법과 같다. 눈에 보이는 왕국은 사라지지만, 내면에 세워진 나라는 결코 무너지지 않는다. 진정한 변화는 외부에서 오지 않는다. 그것은 너의 마음속에서 세상을 재창조한다.

♔

바리새인들이 하나님의 나라가 어느 때에 임하나이까 묻거늘 예수께서 대답하여 이르시되 하나님의 나라는 볼 수 있게 임하는 것이 아니요 또 여기 있다 저기 있다고도 못하리니 하나님의 나라는 너희 안에 있느니라 (누가복음 17:20–21)

가까이 다가온
치유의 왕국

진정한 왕국은 치유와 회복의 자리에서 모습을 드러낸다. 그것은 먼 곳에서 오지 않으며, 삶 속에서 느껴지고 경험된다. 상처받은 자들이 회복되고, 희망이 피어오르는 순간, 그곳이 곧 왕국이다. 왕국은 기다리는 곳이 아니라, 행함 속에서 발견되는 곳이다.

♔

어느 동네에 들어가든지 너희를 영접하거든 너희 앞에 차려놓는 것을 먹고 거기 있는 병자들을 고치고 또 말하기를 하나님의 나라가 너희에게 가까이 왔다 하라 (누가복음 10:8–9)

시련은
뿌리를 시험한다

삶에서 메시지를 기쁨으로 받아들였지만 뿌리를 내리지 못한 믿음은 시련 앞에서 무너질 수 있다. 고난을 예상하지 못하고 믿음이 단지 쉬운 길로의 초대라고 여긴다면, 역경이 닥칠 때 믿음은 흔들리고 시들게 된다. 진정한 믿음은 뿌리를 깊이 내리고, 어려움 속에서 성장하며, 고난을 통해 정화된다.

믿음은 단순한 기대 이상의 헌신이다. 자기중심적인 권리를 내려놓고 매일 새로운 선택으로 자신을 바꾸는 것이다. 시련은 아픔과 두려움을 동반할 수 있지만, 그것은 잠시뿐이다. 믿음으로 시련을 견딜 때 삶은 새로운 빛을 얻고, 그 과정에서 진정한 성장과 내적 평화가 이루어진다.

고난은 순간적이지만, 견고한 믿음은 영원을 향한다.

돌밭에 뿌려졌다는 것은 말씀을 듣고 즉시 기쁨으로 받되 그 속에 뿌리가 없어 잠시 견디다가 말씀으로 말미암아 환난이나 박해가 일어날 때에는 곧 넘어지는 자요 (마태복음 13:20–21)

위대함의
근원을 알다

진정한 위대함과 사랑의 근원을 알고 싶다면, 그분을 아
는 법부터 배워야 한다. 많은 이들이 그 존재를 느끼지만,
깊이 알지 못한다. 그분을 알기 위해서는 단순한 지식이
아니라 직접적인 경험이 필요하다. 그분의 위엄과 영광은
경외심을 불러일으키고, 그분의 사랑과 정의는 인간의 이
해를 초월한다.

첫째, 당신이 진리를 바라볼 때, 그분의 본질을 목격할 수
있다. 둘째, 진리가 말하는 것을 듣도록 하라. 그분의 말씀
은 삶에 대한 완벽한 지침을 제공한다. 마지막으로, 그 가
르침에 따라 행동하라. 그렇게 하면 당신은 위대함과 사
랑의 근원을 직접 경험하게 될 것이다. 진정으로 그분을
아는 것은 삶의 가장 큰 기쁨이다.

♛

내 아버지께서 모든 것을 내게 주셨으니 아버지 외에는
아들을 아는 자가 없고 아들과 또 아들의 소원대로 계시
를 받는 자 외에는 아버지를 아는 자가 없느니라 (마태복음
11:27)

세상의 유혹은
덫일 뿐이다

세상의 가치관은 순간의 쾌락과 욕망을 추구하게 하지만,
그 대가는 고통과 공허함으로 돌아온다. 세상을 사랑하는
마음은 끝없는 사슬로 당신을 얽어매고, 진정한 자유를
가로막는다. 영원한 것을 추구하라. 그렇지 않으면 너는
스스로 소멸하게 된다.

욕망과 정욕은 일시적이며, 결국 지나간다. 그러나 영원
한 가치를 좇는 삶은 당신의 영혼을 자유롭게 하고, 고통
의 굴레를 벗어나게 한다. 세상의 기준은 오직 공허한 경
쟁일 뿐이다.

그 기준을 따르는 자는 끊임없이 부족함을 느끼며 더 많
은 것을 좇는다. 그러나 그 끝에서 남는 것은 피곤한 몸과
메마른 영혼뿐이다. 영혼을 가두는 세상의 사슬을 끊어
라.

그들에게 이르시되 삼가 모든 탐심을 물리치라 사람의
생명이 그 소유의 넉넉한 데 있지 아니하니라 하시고 또
비유로 그들에게 말하여 이르시되 한 부자가 그 밭에 소
출이 풍성하매 심중에 생각하여 이르되 내가 곡식 쌓아
둘 곳이 없으니 어찌할까 하고 또 이르되 내가 이렇게 하
리라 내 곳간을 헐고 더 크게 짓고 내 모든 곡식과 물건
을 거기 쌓아 두리라 (누가복음 12:15–18)

자신의 뜻을 넘어
아버지의 길로

완벽한 판단력으로 모든 것을 바르게 판단할 수 있는 자격을 가진 이는 오직 나뿐이다. 이는 내가 판단하기 전에 항상 아버지의 뜻을 듣고, 나 자신의 뜻이 아니라 아버지의 뜻을 구하기 때문이다. 나의 결정에는 인간적 욕망이 섞이지 않는다. 그러나 당신은 처음부터 그렇게 태어나지 않았다. 거듭나기 전에는 당신의 본성이 자신만의 뜻을 고집하며 아버지의 길을 거부하는 것이었다.

하지만 이제는 달라졌다. 당신은 영으로 새롭게 태어났고, 자신의 뜻을 내려놓고 아버지의 뜻을 구할 수 있는 능력을 얻었다. 매 순간 당신이 결정을 내릴 때 성령의 음성을 들을 수 있다. 비록 내면의 옛 본성이 여전히 자기중심적인 길을 요구할지라도, 영은 당신에게 아버지의 길을 따르도록 속삭인다.

모든 것은 그분의 뜻을 구하는 단순한 선택에서 시작된다. 내 말 안에서 당신은 그 길을 항상 발견할 수 있다.

♕

내가 아무 것도 스스로 할 수 없노라 듣는 대로 심판하노니 나는 나의 뜻대로 하려 하지 않고 나를 보내신 이의 뜻대로 하려 하므로 내 심판은 의로우니라 (요한복음 5:30)

마치는 말

예수의 말,
끝나지 않은 이야기

예수가 남긴 말은 단순히 과거의 기록이 아니다. 그것은 시간을 초월해 여전히 우리와 대화하고 있다. 그의 말은 인간 존재의 가장 깊은 질문에 답을 제시하며, 동시에 새로운 질문을 던진다. 우리는 이 책을 통해 그의 말을 다양한 주제로 나누고, 그 의미를 탐구하며, 삶 속에서 어떻게 적용할 수 있을지 고민해왔다. 그러나 이 여정은 여기서 끝이 아니다. 오히려 이제 시작이다.

예수의 말은 단순히 기록된 텍스트로 남아 있기를 거부한다. 그것은 삶 속에서 실천되고, 행동으로 옮겨질 때 비로소 진정한 의미를 갖는다. "진리가 너희를 자유롭게 하리라"는 예수의 선언은 개인의 내면뿐 아니라, 사회의 불의와 억압에 맞서 싸우라는 초대다. 예수의 말은 우리의 머리와 가슴, 그리고 손발을 움직이는 강력한 힘이다.

그의 말이 가리키는 방향은 분명하다. 그것은 상처받은 자를 위로하고, 소외된 자를 끌어안으며, 진리를 말하고, 불의를 거부하는 삶이다. 그러나 그것은 단순하지 않다. 그 길은 때로는 어려움과 고통, 그리고 외로움을 수반한다. 하지만 예수는 우리에게 이렇게 약속했다.

"내가 세상을 이겼노라."

그의 말과 삶은 우리에게 두려움을 넘어 용기로 나아갈 힘을 준다.

예수의 말은 오늘날에도 여전히 질문을 던진다.

"네 이웃은 누구인가?"
"무엇이 진정한 사랑인가?"

"진리는 무엇인가?"

이 질문들은 2000년 전에도, 지금도, 그리고 앞으로도 우리의 삶을 관통하는 핵심적인 질문이다. 이 책은 예수의 말을 현대적 관점에서 재해석하고, 삶 속에서 실천할 방법을 탐구했지만, 그것은 단지 하나의 해석일 뿐이다.

이제 공은 독자들에게 넘어갔다. 예수의 말과 가르침은 단지 종교적 경전이나 철학적 사유의 대상으로만 머무를 것이 아니라, 당신의 삶 속에서 새로운 열매를 맺을 씨앗이다. 그의 말은 끝난 적이 없다. 그것은 우리가 듣고, 묵상하며, 행동할 때마다 다시 살아난다.